박미정 · 이영월 · 조길 공저

동양북스

개정 6쇄 | 2019년 2월 10일

지은이 | 박미정 · 이영월 · 조길
발행인 | 김태웅
편집장 | 강석기
편　집 | 정지선, 김다정
디자인 | 방혜자, 김효정, 서진희
마케팅 총괄 | 나재승
마케팅 | 서재욱, 김귀찬, 오승수, 조경현, 양수아, 김성준
온라인 마케팅 | 김철영, 양윤모
제　작 | 현대순
총　무 | 김진영, 안서현, 최여진, 강아담
관　리 | 김훈희, 이국희, 김승훈

발행처 | 동양북스
등　록 | 제10-806호(1993년 4월 3일)
주　소 | 서울시 마포구 동교로 22길 12 (121-842)
전　화 | (02) 337-1737
팩　스 | (02) 334-6624

http://www.dongyangbooks.com

ISBN 978-89-8300-580-9　03720

머리말

　중국어 학습자들이 '문법'에 대해 가지고 있는 생각 중 잘못된 것은 '중국어 문법도 영문법과 똑같을 거야. 너무 지루하고 복잡하고 양이 많으니까 차라리 배우지 않는 것이 좋아'라고 생각하는 것이다. 그렇지 않다. 중국어 문법은 간단하고 재미있다. 또 다른 잘못된 생각 중 하나는 '배우면 뭘 해, 어차피 말할 때 필요도 없는 걸'이라고 생각하는 것이다. 이 역시 그렇지 않다. 중국어 문법은 간단하지만 일단 익히고 나면 엄청난 효과를 가져오며 회화에도 많은 도움이 된다. 최소한의 노력으로 최대한의 효과를 거둘 수 있는 것이 바로 중국어 문법에 대한 학습이다.

　중국어는 다른 외국어와 달리 격조사도 없고 시제에 따른 형태변화도 없다. 그렇기 때문에 중국어를 학습할 때 가장 중요한 것은 어순에 대한 감각을 익히는 것이다. 중국어의 어순이 영어와 비슷하다고 착각하고 있는가? 절대 그렇지 않다. 중국어의 어순은 한국어와 아주 비슷하다. 또 문법을 배울 때 많은 품사와 문장성분에 대해서 알아야 된다고 생각하는가? 전혀 몰라도 되는 것은 아니지만 아주 적은 양만 알면 된다.

　『버전업! 삼위일체 중문법』은 여러 가지 용어를 가지고 문법을 설명하지 않고 대표적인 문형을 반복 학습하게 함으로써 중국어 어순에 대한 감각을 키울 수 있도록 구성한 책이다. 또 필요없는 문법은 완전히 제외시켰다. 그러나 회화와 작문에 필요한 문법은 쏙쏙 뽑아서 정리하였다. 본 교재는 문법을 따로 학습하지 않아도 저절로 중국어의 원칙을 알게 되도록 만든 책이다.

　중국어를 조금 배우셨습니까? 이제부터 머리 속에 이리 저리 돌아다니는 내용을 정리하고 싶으십니까? 중국어로 정확하게 작문을 하시고 싶으십니까? 이제 여러분의 머릿속에서는 정확하고 올바른 중국어 문장들이 만들어집니다. 자, 우리 함께 재미있는 중국어 문법 공부를 시작합시다!

✴이 책의 구성과 학습방법

강의식 해설 MP3 CD
150분으로 이루어진 강의를 듣고 중국어문법에 대한 감을 잡아보세요. 강의를 들을 때는 책을 보시지 마시고, 혹시 이해가 안 되는 부분이 있더라도 그냥 남겨두세요.

무료 인터넷 동영상 강의
강의를 다 들으시고 중국어에 대한 감을 익히셨나요? 아직 뭔지 모르시겠다구요? 이제 동영상을 통해 선생님과 함께 배우면 쉽게 이해가 될 거예요.

『버전업! 삼위일체 중문법』교재

1. 정의와 꼭 알아두어야 할 점
하루에 한 가지씩 배울 내용에 대해 최소한의 정리를 하고 시작하세요.

2. 기본문형
문법설명에 해당되는 기본문형 중 가장 자주 쓰이는 예문을 통해 중국어의 어순을 파악하세요.

3. 기본문형 설명과 해석
예문 아래 어떤 성분으로 구성된 문장인지를 표시하였고, 해석도 있으니 참고하세요.

4. 법칙설명
법칙설명을 통해 중국어의 어순에 대한 감각을 익히세요.

5. 예문
문법과 어순에 대해 쉽게 이해할 수 있도록 최대한 쉬운 예문으로 구성했으니 이 문장들은 무조건 외워두세요.

6. 한국인이 많이 틀리는 표현
한국인이 가장 많이 틀리는 표현과 헷갈리는 표현을 한눈에 들어오게 정리했으니 배운 문법을 완전히 정리하세요.

7. 활용하기
실생활에서 많이 쓸 수 있는 문장들을 응용학습하여 회화와 작문 실력을 업그레이드하세요,

8. 연습문제
일주일 학습이 끝나면 연습문제를 직접 풀어보세요. 책 뒤의 해설도 꼭 확인하세요.

■ 문장성분

1. 주어 – 　主语라고 한다. 我是韩国人에서 我가 바로 주어이다.
2. 서술어 – 　谓语 혹은 '술어'라고도 하며, 我去学校에서 去가 서술어이다.
3. 목적어 – 　宾语라고 하기도 한다. 我吃饭에서 饭이 목적어이다.
4. 관형어 – 　定语 혹은 '한정어'라고도 하며, 我的朋友에서 我가 관형어이다.
5. 부사어 – 　状语 혹은 '상황어'라고도 하며, 一起去에서 一起가 부사어이다.
6. 보어 – 　补语 혹은 '보충어'라고도 하며, 说得很快에서 很快가 보어이다.

■ 품사

1. 전치사 – 　介词라고도 한다.
2. 접속사 – 　连词라고도 한다.
3. 구조조사 – 结构助词라고도 한다.
4. 동태조사 – 时态助词라고도 한다.
5. 능원동사 – 助动词라고도 한다.

차 례

Week 1

중국어 품사를
다 알 필요는 없다

동 사

<table>
<tr><td>정의</td><td>동작, 행위, 심리상태, 변화, 판단, 소유, 존재 등을 나타내는 품사를 동사라고 한다.</td></tr>
</table>

꼭 알아두어야 할 점

1. 동사의 특징

① 성(性), 수(数), 인칭에 따른 형태 변화가 전혀 없다.

② 동사 뒤에 동태조사인 '了(완료)', '着(진행)', '过(경험)' 등을 쓸 수 있다.

③ 동사 앞에 부사어를 쓸 수 있다.

④ 동사 뒤에 여러 가지 보어를 동반할 수 있다.

⑤ 동사는 중첩할 수 있다.

2. 동사를 부정할 때

동사를 부정할 때는 그 앞에 '不'나 '没(有)'를 쓸 수 있다.

3. 의문문을 만들 때

① 문장 끝에 '吗'를 쓸 수 있다.

② 동사의 긍정형과 부정형을 나란히 써서 정반의문문을 만들 수 있다.

③ 질문하고자 하는 부분에 의문사 '谁(누구)', '哪儿(어디)', '什么(무엇)', '怎么(어떻게)' 등을 직접 써서 특수의문문을 만들 수 있다.

④ 동사 사이에 '还是'를 써서 선택의문문을 만들 수 있다.

4. 동사를 중첩할 때

동사를 중첩하면 '시도, 가벼운 동작이나 행위, 짧은 시간에 이루어지는 동작이나 행위'를 나타낸다.

我　是　中国人。
동사

저는 중국인입니다.

● **법칙설명**

동사는 자동사와 타동사로 나뉘는데, 자동사는 목적어를 동반할 수 없지만, 타동사는 목적어를 동반할 수 있다. 목적어는 한국어와는 반대로 서술어 뒤에 놓인다.

● **예문**

我有一个女儿。
Wǒ yǒu yí ge nǚ'ér.
나에게 딸이 하나 있다.

我上网，弟弟看动画片。
Wǒ shàng wǎng, dìdi kàn dònghuàpiān.
나는 인터넷을 하고 남동생은 만화영화를 본다.

我在这儿。
Wǒ zài zhèr.
저 여기 있어요.

我爱你。
Wǒ ài nǐ.
나는 당신을 사랑합니다.

我 不是 中国人。

不 동사

저는 중국인이 아닙니다.

법칙설명

심리상태를 나타내거나 습관적인 동작을 부정할 때, 혹은 현재나 미래를 나타내는 동작이거나 '是', '像', '在' 등을 부정할 때는 모두 동사 앞에 부정사 '不'를 써야 한다.

예문

他不喜欢我。
Tā bù xǐhuan wǒ.
그는 나를 좋아하지 않아요.

我不吃方便面。
Wǒ bù chī fāngbiànmiàn.
나는 라면을 먹지 않는다.

我明天不在家。
Wǒ míngtiān bú zài jiā.
저는 내일 집에 없습니다.

他不像爸爸，也不像妈妈。
Tā bú xiàng bàba, yě bú xiàng māma.
그는 아빠도 닮지 않고 엄마도 닮지 않았다.

我　没(有)　吃　饭。
没　　　　　　동사

나는 밥을 먹지 않았다.

법칙설명

과거의 동작이거나 완료된 동작을 부정할 때, 혹은 동사 '有'를 부정할 때는 동사 앞에 부정사 '没'를 써야 한다.

예문

我没结婚。
Wǒ méi jiéhūn.
저는 결혼을 하지 않았어요.

他今天没来学校。
Tā jīntiān méi lái xuéxiào.
그는 오늘 학교에 오지 않았다.

我没有时间。
Wǒ méiyǒu shíjiān.
나는 시간이 없어.

这儿只有茶，没有咖啡。
Zhèr zhǐ yǒu chá, méiyǒu kāfēi.
여기에는 차만 있고 커피는 없어요.

你　是　中国人　吗?

주어　서술어　　목적어　　吗

당신은 중국인입니까?

법칙설명

동사술어문을 의문문으로 만드는 방법에는 여러 가지가 있다. 첫째, 문장 끝에 '吗'를 쓰면 의문문이 된다. 둘째, 동사의 긍정형과 부정형을 나란히 써서 정반의문문을 만들 수도 있다. 셋째, 질문하고 싶은 내용에 해당 의문사를 넣으면 특수의문문이 된다. 넷째, '还是'를 써서 선택의문문을 만들 수도 있다.

예문

王老师在家吗? – 의문조사 **吗**
Wáng lǎoshī zài jiā ma?
왕 선생님 댁에 계십니까?

你有没有车? – 정반의문문
Nǐ yǒu mei yǒu chē?
당신은 자가용이 있습니까?

你去哪儿? – 특수의문문
Nǐ qù nǎr?
어디에 가세요?

你是中国人还是韩国人? – 선택의문문
Nǐ shì Zhōngguórén háishi Hánguórén?
당신은 중국인입니까, 아니면 한국인입니까?

我　想　去　中国。
주어　능원동사　본동사　목적어

나는 중국에 가고 싶다.

법칙설명

능원동사는 희망, 가능, 능력 등을 나타내는 동사로 본동사 앞에 쓴다. 대표적인 능원동사로는 '想(…하고 싶다)', '要(…하려고 한다/해야 한다)', '会(…을 할 줄 안다)', '能(…을 할 수 있다)', '可以(…해도 된다)' 등이 있다.

예문

孩子要听妈妈的话。
Háizi yào tīng māma de huà.
애들은 엄마 말씀을 잘 들어야 한다.

小林会说韩语。
Xiǎo Lín huì shuō Hányǔ.
샤오 린은 한국어를 할 줄 알아요.

明天我能来。
Míngtiān wǒ néng lái.
내일 나는 올 수 있습니다.

这儿可以抽烟。
Zhèr kěyǐ chōuyān.
이곳에서는 담배를 피워도 됩니다.

我 不 想 去 中国。
주어　　不　능원동사　본동사　목적어

나는 중국에 가고 싶지 않다.

법칙설명

능원동사를 부정할 때는 반드시 능원동사 바로 앞에 부정사 '**不**'를 써야
한다. 본동사 앞에 '**不**'를 쓰면 안 된다.

예문

我不想喝咖啡。
Wǒ bù xiǎng hē kāfēi.
나는 커피를 마시고 싶지 않아요.

小林不会说韩语。
Xiǎo Lín bú huì shuō Hányǔ.
샤오 린은 한국어를 할 줄 모릅니다.

明天我不能来。
Míngtiān wǒ bù néng lái.
내일 나는 올 수 없습니다.

这儿不可以抽烟。
Zhèr bù kěyǐ chōuyān.
이곳에서는 담배를 피워서는 안 됩니다.

你 想 去 中国 吗?

주어　능원동사　본동사　목적어　　吗

중국에 가고 싶니?

법칙설명

능원동사가 있는 문장을 의문문으로 만드는 방법은 여러 가지가 있다.
우선 문장 끝에 '吗'를 쓰면 의문문이 된다. 능원동사의 긍정형과 부정
형을 나란히 써서 정반의문문을 만들 수도 있다. 또 질문하고 싶은 부분
에 의문사를 직접 쓰면 특수의문문이 된다.

예문

小林会说韩语吗? — 의문조사 **吗**
Xiǎo Lín huì shuō Hányǔ ma?
샤오 린은 한국어를 할 줄 압니까?

明天你能不能来? — 정반의문문
Míngtiān nǐ néng bu néng lái?
내일 올 수 있습니까?

这儿可不可以抽烟? — 정반의문문
Zhèr kě bu kěyǐ chōuyān?
여기서 담배를 피워도 됩니까?

你想吃什么? — 특수의문문
Nǐ xiǎng chī shénme?
무엇을 드시겠습니까?

你　尝尝　这个菜。

주어　　동사중첩　　목적어

이 음식 맛을 좀 보세요.

● **법칙설명**

동사를 중첩하면 시도, 가벼운 동작이나 행위, 혹은 짧은 시간에 이루어지는 동작이나 행위를 나타낸다. 일음절동사의 경우에는 사이에 '一'를 쓰기도 한다.

● **예문**

您休息休息吧。
Nín xiūxi xiūxi ba.
좀 쉬세요.

我们再研究研究吧。
Wǒmen zài yánjiū yánjiū ba.
우리 더 연구해 봅시다.

我们去迪斯尼玩儿玩儿。
Wǒmen qù Dísīní wánr wanr.
우리 디즈니랜드에 가서 좀 놀아보자.

你试一试这件毛衣。
Nǐ shì yi shì zhè jiàn máoyī.
이 스웨터 한 번 입어보세요.

01　다음을 중국어로 어떻게 표현할까요?

① 나는 시간이 없어.

我不有时间。(×)　→　我没有时间。(○)

② 그는 여동생이 없다.

他不有妹妹。(×)　→　他没有妹妹。(○)

|Tip| 동사 '有'를 부정할 때는 부정사 '不'를 쓰지 않고 '没'를 써야한다.

02　다음을 중국어로 어떻게 표현할까요?

① 나는 물건을 사지 않았다.

我没买东西了。(×)　→　我没买东西。(○)

② 그는 신문을 보지 않았다.

他没看报了。(×)　→　他没看报。(○)

|Tip| 완료를 부정할 때 동사 앞에는 부정사인 '没(有)'를 써야 한다.
이 때 문장 끝에 완료를 나타내는 '了'를 쓰면 틀린 문장이 된다.

'我不吃饭'과 '我没吃饭'의 차이점

습관적인 동작을 부정하거나, 의지를 부정할 때는 동사 앞에 부정사 '不'를 쓴다.
반면 과거의 동작이나 완료된 동작을 부정할 때는 동사 앞에 부정사 '没'를 쓴다.
그러므로 '我不吃饭'은 '나는 밥을 먹지 않겠어요' 혹은 '나는 밥을 먹지 않는다'
라는 뜻이 된다. '我没吃饭'은 '나는 밥을 먹지 않았어요'라는 뜻이다. 동사를 부
정할 때는 부정사 '不'를 쓸 수도 있고 '没'를 쓸 수도 있는데, 그 의미에는 차이
가 있으므로 유의해야 한다.

01

我喜欢冰淇淋。

Wǒ xǐhuan bīngqílín.
나는 아이스크림을 좋아한다.

02

他有空儿。

Tā yǒu kòngr.
그는 시간이 있다.

03

她不吃零食。

Tā bù chī língshí.
그녀는 군것질을 안 한다.

04

我没打电话。

Wǒ méi dǎ diànhuà.
나는 전화를 하지 않았다.

05

你看不看电影？

Nǐ kàn bu kàn diànyǐng?
너 영화 보니 안 보니?

06

你买什么？

Nǐ mǎi shénme?
너 무엇을 사니? / 무엇을 살 거니?

07

你是老板还是我是老板？

Nǐ shì lǎobǎn háishi wǒ shì lǎobǎn?
네가 사장이냐, 아니면 내가 사장이냐?

08 你有没有毕业？

Nǐ yǒu mei yǒu bìyè?
당신은 졸업을 했어요, 안 했어요?

09 我想留学。

Wǒ xiǎng liúxué.
저는 유학 가고 싶습니다.

10 对不起，我不能告诉你。

Duì bu qǐ, wǒ bù néng gàosu nǐ.
미안합니다만, 알려드릴 수 없습니다.

11 你会打高尔夫球吗？

Nǐ huì dǎ gāo'ěrfūqiú ma?
당신은 골프를 칠 줄 아십니까?

12 你想不想见他？

Nǐ xiǎng bu xiǎng jiàn tā?
당신은 그를 만나고 싶습니까?

13 你尝一尝这个菜。

Nǐ cháng yi cháng zhè ge cài.
이 요리 맛 좀 보세요.

14 你们互相认识认识吧。

Nǐmen hùxiāng rènshi rènshi ba.
당신들 서로 인사 좀 하세요.

형 용 사

정의	사람이나 사물의 형상, 성질 및 상태를 나타내는 품사를 형용사라고 한다.

꼭 알아두어야 할 점

1. 형용사의 특징

① 부사의 수식을 받을 수 있다.

② 부정형은 형용사 앞에 부정사인 '不'를 써서 만든다.

③ 뒤에 보어를 동반할 수 있다.

④ 중첩할 수 있다.

2. 형용사를 부정할 때

동사를 부정할 때는 그 앞에 '不'를 쓸 수도 있고 '没(有)'를 쓸 수도 있지만, 형용사를 부정할 때는 '不'를 써야 한다.

3. 의문문을 만들 때

① 문장 끝에 '吗'를 쓸 수 있다.

② 형용사의 긍정형과 부정형을 나란히 써서 정반의문문을 만들 수 있다.

③ 질문하고자 하는 부분에 의문사 '谁(누구)', '哪儿(어디)', '什么(무엇)', '怎么(어떻게)' 등을 직접 써서 특수의문문을 만들 수 있다.

④ 사이에 '还是'를 써서 선택의문문을 만들 수 있다.

4. 형용사를 중첩할 때

동사를 중첩하면 '시도, 가벼운 동작이나 행위, 혹은 짧은 시간에 이루어지는 동작이나 행위'를 나타낸다. 그러나 형용사는 동사와는 달리 중첩하면 더 강한 의미를 나타낸다. 그러므로 형용사의 중첩형 앞에 정도를 나타내는 부사는 쓸 수 없다.

她 很 聪明。
주어　부사어　서술어

그녀는 똑똑합니다.

● **법칙설명**

형용사는 서술어로 쓰일 수 있고, 이 때 부사의 수식을 받을 수 있다. 일반적으로 많이 쓰이는 부사는 정도를 나타내는 '很', '非常', '真', '太' 등과 범위를 나타내는 '都'와 '也'이다. 대조를 나타낼 때는 정도부사를 생략하기도 한다.

● **예문**

房间都很干净。
Fángjiān dōu hěn gānjing.
방들은 모두 깨끗하다.

我最近太忙。
Wǒ zuìjìn tài máng.
나는 요즘 너무 바쁘다.

那个小姑娘非常可爱。
Nà ge xiǎogūniang fēicháng kě'ài.
그 여자아이는 참 귀엽다.

小王家太太高，丈夫矮。
Xiǎo Wáng jiā tàitai gāo, zhàngfu ǎi.
샤오 왕 부부는 아내가 키가 크고 남편이 키가 작다.

昨天　不　冷。

不　형용사서술어

어제는 춥지 않았다.

법칙설명

형용사를 부정할 때는 일반적으로 형용사 앞에 부정사인 '不'를 쓴다. 과거의 부정형이라고 해도 '没(有)'를 써서 부정을 나타내지 않는다는 점에 유의해야 한다.

예문

房间都不干净。
Fángjiān dōu bù gānjing.
방들은 모두 깨끗하지 않다.

我最近不忙。
Wǒ zuìjìn bù máng.
나는 요즘 바쁘지 않다.

那个小姑娘不太可爱。
Nà ge xiǎogūniang bú tài kě'ài.
그 여자아이는 별로 귀엽지 않다.

她小时候不漂亮，现在漂亮了。
Tā xiǎo shíhou bú piàoliang, xiànzài piàoliang le.
그녀는 어렸을 때는 안 예뻤는데, 지금은 예뻐졌다.

汉语　难　不难?
주어　　　긍정형　　부정형

중국어는 어렵습니까?

법칙설명

형용사술어문을 의문문으로 만드는 방법에는 여러 가지가 있다. 첫째, 문장 끝에 '吗'를 쓰면 의문문이 된다. 둘째, 형용사의 긍정형과 부정형을 나란히 써서 정반의문문을 만들 수도 있다. 셋째, 질문하고 싶은 부분에 의문사를 직접 쓰면 특수의문문이 된다. 넷째, '还是'를 써서 선택의문문을 만들 수도 있다.

예문

房间干净吗? – 의문조사 吗
Fángjiān gānjing ma?
방은 깨끗합니까?

韩国菜辣不辣? – 정반의문
Hánguó cài là bu là?
한국 음식은 매워요?

哪个迪斯尼乐园最好玩儿? – 특수의문문
Nǎ ge Dísīní lèyuán zuì hǎo wánr?
어느 디즈니랜드가 제일 놀기 좋습니까?

爸爸好还是妈妈好? – 선택의문문
Bàba hǎo háishi māma hǎo?
아빠가 좋니, 아니면 엄마가 좋니?

她的个子　高高　的。

형용사중첩

그녀의 키는 크다.

법칙설명

형용사를 중첩하면 생동감이 더해지거나 의미가 더욱 강해진다. 따라서 형용사를 중첩한 후에는 그 앞에 '很', '非常' 등의 수식어를 쓸 수 없다. 일음절 형용사의 경우에는 'AA'의 형식으로 중첩하면 된다. 문장 끝에서 형용사를 중첩한 뒤에는 흔히 '的'를 덧붙이기도 한다.

예문

她有一双大大的眼睛。
Tā yǒu yì shuāng dàda de yǎnjing.
그녀는 커다란 눈을 가지고 있다.

孩子的小手胖胖的。
Háizi de xiǎo shǒu pàngpàng de.
꼬마의 작은 손은 통통하다.

红红的玫瑰最漂亮。
Hónghóng de méigui zuì piàoliang.
빨간 장미가 제일 예쁘다.

甜甜的葡萄真好吃。
Tiántián de pútao zhēn hǎochī.
달콤한 포도는 정말 맛있다.

她们　高高兴兴地　回家了。

형용사중첩

그녀들은 신나게 집으로 돌아갔다.

● **법칙설명**

일음절 형용사는 'AA'의 형식으로 중첩하는데, 이음절의 경우에는 대부분 'AABB'의 형식으로 중첩한다. 문장 끝에서 형용사를 중첩한 뒤에는 흔히 '的'를 덧붙이기도 한다.

● **예문**

她是一个文文静静的女学生。
Tā shì yí ge wénwen jìngjìng de nǚ xuésheng.
그녀는 차분하고 얌전한 여학생이다.

屋里干干净净的。
Wūli gāngan jìngjìng de.
방안은 아주 깨끗하다.

我们痛痛快快地喝一杯吧。
Wǒmen tòngtong kuàikuài de hē yì bēi ba.
우리 기분 좋게 한 잔 하자.

他简简单单地回答了。
Tā jiǎnjian dāndān de huídá le.
그는 아주 간단하게 대답했다.

那条路　笔直笔直　的。

형용사중첩

그 길은 쭉 뻗었다.

법칙설명

이음절 형용사는 대부분 'AABB'의 형식으로 중첩하는데, 비유적인 의미를 가진 형용사는 'ABAB'의 형식으로 중첩하기도 한다. 대부분 ABAB 형용사는 '… 같이 …하다'라는 비유적인 의미를 지니고 있다. 형용사의 중첩형은 정도가 심하다는 의미를 나타내는 것이므로 그 앞에 정도를 나타내는 부사인 '很', '非常' 등은 쓸 수 없다. 또한 문장 끝에는 일반적으로 '的'를 붙인다.

예문

她太紧张了，两只手冰凉冰凉的。
Tā tài jǐnzhāng le, liǎng zhī shǒu bīngliáng bīngliáng de.
그녀는 너무 긴장해서 두 손이 얼음장처럼 차갑다.

小白兔全身雪白雪白的。
Xiǎo báitù quánshēn xuěbái xuěbái de.
새끼토끼는 온몸이 눈처럼 하얗다.

紫红紫红的葡萄非常诱人。
Zǐhóng zǐhóng de pútao fēicháng yòu rén.
자홍색 포도는 사람들의 구미를 확 당긴다.

她的长头发乌黑乌黑的。
Tā de cháng tóufa wūhēi wūhēi de.
그녀의 머릿결은 흑단처럼 까맣다.

01 다음을 중국어로 어떻게 표현할까요?

① 나는 두꺼운 사전 한 권을 가지고 있다.

我有一本很厚厚的词典。(×)

我有一本厚厚的词典。(○)

② 그녀는 커다란 눈을 가지고 있다.

她有一双非常大大的眼睛。(×)

她有一双大大的眼睛。(○)

|Tip| '**厚厚**'나 '**大大**'와 같이 형용사를 중첩하면 그 정도가 심함을 나타낸다. 그러므로 그 앞에 정도를 나타내는 부사인 '**很**', '**非常**' 등은 쓸 수 없다.

02 다음을 중국어로 어떻게 표현할까요?

① 작년 여름은 덥지 않았다.

去年夏天没热。(×) → 去年夏天不热。(○)

② 내 여동생은 어렸을 때 예쁘지 않았다.

我妹妹小时候没漂亮。(×)

我妹妹小时候不漂亮。(○)

|Tip| 과거의 사실이나 상황을 설명하는 경우라고 할지라도 형용사를 부정할 때는 '**没**'를 쓰지 않고 '**不**'를 써야 한다.

동사 중첩형과 형용사 중첩형의 차이점

동사를 중첩하면 시도, 가벼운 동작이나 행위, 혹은 짧은 시간에 이루어지는 동작이나 행위를 나타낸다. 그러나 형용사를 중첩하면 생동감이 더해지거나 더 심하다는 의미를 나타낸다. 즉 동사를 중첩하면 의미가 약해지고, 형용사를 중첩하면 의미가 강해지는 것이다.

① **您休息休息吧。** 좀 쉬세요.

② **屋里干干净净的。** 방안은 아주 깨끗하다.

01 **图书馆里很安静。**
Túshūguǎnli hěn ānjìng.
도서관은 매우 조용하다.

02 **北京的春天非常干燥。**
Běijīng de chūntiān fēicháng gānzào.
베이징의 봄 날씨는 매우 건조하다.

03 **我觉得她不高兴。**
Wǒ juéde tā bù gāoxìng.
그녀가 기분 안 좋은 것 같아.

04 **这条路不太平坦。**
Zhè tiáo lù bú tài píngtǎn.
이 길은 그리 평탄하지 않다.

05 **中国菜油腻不油腻？**
Zhōngguó cài yóunì bu yóunì?
중국 요리는 느끼합니까?

06 **贵的东西好还是便宜的东西好？**
Guì de dōngxi hǎo háishi piányi de dōngxi hǎo?
비싼 물건이 좋아요, 아니면 싼 물건이 좋아요?

07 **什么动物鼻子最长？**
Shénme dòngwù bízi zuì cháng?
어떤 동물이 코가 제일 긴가요?

08 这个人怎么这么奇怪？

Zhè ge rén zěnme zhème qíguài?

이 사람 왜 이렇게 이상하지?

09 老板的奔驰车亮亮的。

Lǎobǎn de bēnchíchē liàngliàng de.

사장님의 벤츠자가용은 번쩍번쩍하다.

10 他冷冷地拒绝了。

Tā lěnglěng de jùjué le.

그는 냉정하게 거절했다.

11 他只是一个普普通通的市民。

Tā zhǐ shì yí ge pǔpu tōngtōng de shìmín.

그는 아주 평범한 시민일 뿐이다.

12 人们整整齐齐地排队了。

Rénmen zhěngzheng qíqí de páiduì le.

사람들은 질서 정연하게 줄을 섰다.

13 喝一杯冰凉冰凉的汽水吧。

Hē yì bēi bīngliáng bīngliáng de qìshuǐ ba.

시원한 사이다 한 잔 마십시다.

14 那个女人的嘴唇血红血红的。

Nà ge nǚrén de zuǐchún xiěhóng xiěhóng de.

저 여자의 입술은 새빨갛다.

양 사

정의	사물이나 동작을 세는 단위를 나타내는 품사를 양사라고 한다.

꼭 알아두어야 할 점

1. 양사의 특징

① 단독으로 사용할 수 없다.

② 수사나 지시대명사 '这', '那' 등과 함께 쓰일 수 있다.

③ 일음절 양사는 중첩할 수 있다.

2. 양사의 종류

① 명량사 : 사람이나 사물의 단위를 나타내는 양사

② 동량사 : 동작의 횟수를 나타내는 양사

③ 시량사 : 시간의 단위를 나타내는 양사

④ 준양사 : 양사적 성질을 가진 명사

这 位 是 汉语老师。

지시사　양사

이 분은 중국어 선생님입니다.

법칙설명

지시사인 '这'나 '那'와 양사가 함께 쓰일 때 어순은 '지시사 + 양사'이다.

예문

这家商店的东西比较便宜。
Zhè jiā shāngdiàn de dōngxi bǐjiào piányi.
이 상점의 물건은 비교적 싼 편입니다.

听说这部电影很有意思。
Tīng shuō zhè bù diànyǐng hěn yǒu yìsi.
이 영화는 재미있다고 합니다.

那个歌手叫什么名字？
Nà ge gēshǒu jiào shénme míngzi?
그 가수는 이름이 무엇이에요?

我要买那种 T 恤衫。
Wǒ yào mǎi nà zhǒng T xùshān.
나는 저런 티셔츠를 사려고 합니다.

我有 一 个 弟弟。

수사 양사

나에게는 남동생이 하나 있습니다.

● **법칙설명**

수사와 양사가 함께 쓰일 때 어순은 '수사 + 양사'이다. 단, 양사 앞에서 수사 '二'은 '两'으로 써야 한다.

● **예문**

我吃了两个梨。
Wǒ chī le liǎng ge lí.
나는 배 두 개를 먹었습니다.

这个办公室里有五张桌子。
Zhè ge bàngōngshìli yǒu wǔ zhāng zhuōzi.
이 사무실에는 책상 다섯 개가 있습니다.

请再说一遍，好吗?
Qǐng zài shuō yí biàn, hǎo ma?
다시 한 번 말씀해 주실 수 있어요?

中国人一个星期工作五天。
Zhōngguórén yí ge xīngqī gōngzuò wǔ tiān.
중국사람들은 일주일에 5일 근무합니다.

这　两　个　人都是我的朋友。
지시사　수사　양사

이 두 사람은 모두 내 친구입니다.

● **법칙설명**

지시사, 수사와 양사가 함께 쓰일 때 어순은 '지시사 + 수사 + 양사'이다.

● **예문**

这几道菜都很好吃。
Zhè jǐ dào cài dōu hěn hǎochī.
이 몇 가지 요리는 모두 맛있습니다.

那两个人做什么呢?
Nà liǎng ge rén zuò shénme ne?
저 두 사람은 무엇을 하고 있지요?

我想看看那(一)件衣服。
Wǒ xiǎng kànkan nà (yí) jiàn yīfu.
저는 그 옷을 좀 보고 싶습니다.

那两张床一样吗?
Nà liǎng zhāng chuáng yíyàng ma?
그 두 침대는 똑같나요?

04

我 要 买 一 些 东西。

특수양사

나는 물건을 좀 사야겠어요.

● **법칙설명**

양사 중 '**些**'와 '**点**'은 다른 수사와는 결합하지 않고 '**一**'와만 결합한다. '**一些**'는 정해지지 않은 어느 정도의 일정 수량을 가리킨다. '**些**'는 사람이나 사물의 양사로 모두 쓸 수 있지만, '**点**'은 사물의 양사로만 쓸 수 있다. 또 '**一下**'는 단순히 '한 번'의 뜻이 아니라, 어떤 행위나 동작을 짧은 시간 동안 한다는 뜻을 나타낸다. '**一下**'는 '**一下儿**'이라고 하기도 한다.

● **예문**

我今天有一点儿事。
Wǒ jīntiān yǒu yìdiǎnr shì.
나는 오늘 일이 좀 있습니다.

那些行李都是小王的。
Nà xiē xíngli dōu shì Xiǎo Wáng de.
그 짐들은 모두 샤오 왕의 것입니다.

请等一下儿。
Qǐng děng yíxiàr.
잠깐 기다리세요.

我来自我介绍一下。
Wǒ lái zìwǒ jièshào yíxià.
제 소개를 좀 하겠습니다.

这个　多少　钱?

수 표시

이것은 얼마입니까?

법칙설명

수를 물어볼 때는 '多少'와 '几'를 쓸 수 있다. '多少'는 비교적 많은 수를 물을 때 쓰이는 의문사이고, '几'는 10 이하의 수를 물을 때 쓰는 의문사이다. '多少' 뒤의 양사는 생략해도 되지만, '几' 뒤의 양사는 생략하면 안 된다.

예문

你今天打了几次电话?
Nǐ jīntiān dǎ le jǐ cì diànhuà?
당신 오늘 전화를 몇 번 했어요?

你有几个女朋友?
Nǐ yǒu jǐ ge nǚ péngyou?
여자 친구가 몇 명 있어요?

你有多少收入?
Nǐ yǒu duōshao shōurù?
당신은 수입이 얼마나 됩니까?

你们休息几天?
Nǐmen xiūxi jǐ tiān?
당신들은 며칠 쉽니까?

他们的孩子　个个　都很聪明。

양사중첩

그들의 아이들은 모두 똑똑합니다.

● **법칙설명**

일음절 양사는 중첩할 수 있는데, 양사를 중첩하면 하나도 빠짐없이 모두
포함한다는 의미로 '전체'를 가리킨다.

● **예문**

姐姐的衣服件件都很漂亮。

Jiějie de yīfu jiànjiàn dōu hěn piàoliang.

언니 옷은 하나 하나가 모두 예뻐요.

条条道路都堵车。

Tiáotiáo dàolù dōu dǔchē.

도로마다 다 차가 막힙니다.

他的皮鞋双双都是进口货。

Tā de píxié shuāngshuāng dōu shì jìnkǒuhuò.

그의 구두는 모두 외제입니다.

小林天天迟到。

Xiǎo Lín tiāntiān chídào.

샤오 린은 매일 지각합니다.

01   다음을 중국어로 어떻게 표현할까요?

① 그는 매일 술 한 병 반을 마신다.

他每天喝一瓶酒半。(×)　他每天喝一瓶半酒。(○)

② 귤 세 근 반 주세요.

我要三斤桔子半。（×）　我要三斤半桔子。（○）

|Tip| '반 병', '반 근'은 '半'을 양사 앞에 써서 '半瓶', '半斤'이라고 한다. 그러나 '한 병 반', '세 근 반'의 경우에는 '半'을 양사 뒤에 써서 '一瓶半', '三斤半'이라고 해야 한다. 양사와 수사 '半'이 함께 쓰일 때는 어순에 유의해야 한다.

02   다음을 중국어로 어떻게 표현할까요?

① 그는 5시간 동안 잤습니다.

他睡了五个小时。(○)　他睡了五小时。（○）

② 나는 3시간 동안 기다렸습니다.

我等了三钟头。（×）　我等了三个钟头。(○)

|Tip| 명사 앞에 수사가 있을 때는 반드시 그 사이에 양사를 써야 한다. 그러나 '小时'는 명사이지만 양사적 성질을 지니고 있기 때문에 양사를 쓰지 않아도 된다. 반면 같은 의미의 '钟头'는 앞에 수사가 있으면 반드시 양사 '个'를 써야 한다.

01

这把雨伞特别大。

Zhè bǎ yǔsǎn tèbié dà.
이 우산은 굉장히 큽니다.

02

那束花是谁送的？

Nà shù huā shì shéi sòng de?
그 꽃다발은 누가 선물한 것입니까?

03

这套房子有两个洗手间。

zhè tào fángzi yǒu liǎng ge xǐshǒujiān.
이 집에는 화장실이 2개 있습니다.

04

我家有四口人。

Wǒ jiā yǒu sì kǒu rén.
우리 집은 네 식구입니다.

05

这两条路都通了。

Zhè liǎng tiáo lù dōu tōng le.
이 두 도로는 모두 개통됐습니다.

06

那三个桔子都是你的。

Nà sān ge júzi dōu shì nǐ de.
그 귤 세 개는 모두 당신의 것입니다.

07

那些孩子在唱歌。

Nà xiē háizi zài chàng gē.
그 아이들은 노래를 부르고 있습니다.

08   **给我一些钱。**

Gěi wǒ yì xiē qián.

저에게 돈 좀 주세요.

09   **我看一下，好吗？**

Wǒ kàn yíxià, hǎo ma?

제가 좀 봐도 되겠습니까?

10   **我想问一下，有没有凉水？**

Wǒ xiǎng wèn yíxià, yǒu mei yǒu liángshuǐ?

말씀 좀 묻겠습니다, 냉수(찬물)있어요?

11   **明天几个人出差？**

Míngtiān jǐ ge rén chūchāi?

내일 몇 분이 출장을 갑니까?

12   **你看过多少（部）韩国电视剧？**

Nǐ kànguo duōshao (bù) Hánguó diànshìjù?

한국 드라마 몇 편 보셨어요?

13   **他考试次次得第一名。**

Tā kǎoshì cìcì dé dì yī míng.

그는 시험 때마다 1등을 합니다.

14   **韩国人顿顿饭都吃泡菜。**

Hánguórén dùndùn fàn dōu chī pàocài.

한국사람들은 끼니마다 김치를 먹습니다.

구 조 조 사

<table>
<tr><td>정의</td><td>낱말이나 구 뒤에 붙어서 문법관계를 나타내는 조사를 구조조사라고 한다. 구조조사로는 '的', '地', '得'가 있으며, 모두 de로 발음하며 경성으로 읽는다.</td></tr>
</table>

꼭 알아두어야 할 점

1. 的

① 관형어가 동사나 동사구일 때 그 뒤에 쓴다.

② 관형어가 부사의 수식을 받은 형용사일 때 그 뒤에 쓴다.

③ 관형어가 형용사의 중첩형일 때 그 뒤에 쓴다. 이 때 간혹 생략하기도 한다.

④ 관형어가 명사나 대명사이고 소유관계를 나타낼 때 그 뒤에 쓴다.

2. 地

① 부사어가 이음절 형용사일 때 그 뒤에 쓴다.

② 부사어가 부사의 수식을 받은 형용사일 때 그 뒤에 쓴다.

③ 부사어가 형용사의 중첩형일 때 그 뒤에 쓴다. 이 때는 간혹 생략하기도 한다.

3. 得

① 서술어가 동사이고 뒤에 정도보어가 있을 때 그 사이에 쓴다.

② 서술어가 형용사이고 뒤에 정도보어가 있을 때 그 사이에 쓴다.

这 是 我 的 笔记本电脑。
관형어　　　的　　　　목적어

이것은 제 노트북입니다.

● **법칙설명**

관형어가 동사나 동사구일 때, 부사의 수식을 받은 형용사일 때, 형용사의 중첩형일 때, 관형어가 명사나 대명사이고 소유관계를 나타낼 때 그 뒤에 구조조사 '的'를 쓴다.

● **예문**

在快餐店吃饭的人很多。– 동사구
Zài kuàicāndiàn chī fàn de rén hěn duō.
패스트푸드점에서 식사를 하는 사람이 많다.

妈妈常买**很贵**的东西。– 형용사구(부사 + 형용사)
Māma cháng mǎi hěn guì de dōngxi.
엄마는 자주 비싼 물건을 사곤 하신다.

软软的米糕最好吃。–형용사 중첩
Ruǎnruǎn de mǐgāo zuì hǎochī.
말랑말랑한 떡이 제일 맛있다.

妈妈的化妆品真多。– 명사(소유관계)
Māma de huàzhuāngpǐn zhēn duō.
엄마의 화장품은 정말 많다.

02

>>> 地

他　认真　地　工作。
부사어　　　地　　　서술어

그는 열심히 일한다.

법칙설명

부사어가 이음절 형용사일 때나 부사의 수식을 받은 형용사 혹은 형용사의 중첩형일 때는 일반적으로 부사어와 서술어 사이에 구조조사 '地'를 쓴다.

예문

他非常热情地说，"欢迎光临！" – 형용사구(부사＋형용사)
Tā fēicháng rèqíng de shuō, "Huānyíng guānglín!"
그는 친절하게 '어서 오십시오!'라고 말했다.

老师满意地笑了。 – 형용사
Lǎoshī mǎnyì de xiào le.
선생님은 만족스럽게 웃으셨다.

她轻轻地点了点头。 – 형용사 중첩
Tā qīngqīng de diǎn le diǎntóu.
그녀는 고개를 가볍게 끄덕였다.

你痛痛快快地哭一场吧。 – 형용사 중첩
Nǐ tòngtong kuàikuài de kū yì chǎng ba.
속시원하게 실컷 울어라.

我最近 过 得 不错。
서술어　　得　　정도보어

전 요즘 잘 지내고 있어요.

● **법칙설명**
서술어와 정도보어 사이에는 구조조사 '得'를 써야 한다.

● **예문**

小林家布置得很好。
Xiǎo Lín jiā bùzhì de hěn hǎo.
샤오 린 집은 잘 꾸며놓았습니다.

中国发展得很快。
Zhōngguó fāzhǎn de hěn kuài.
중국은 매우 빠르게 발전한다.

我打字打得不快。
Wǒ dǎzì dǎ de bú kuài.
나는 타자를 빨리 치지 못한다.

今天热得很。
Jīntiān rè de hěn.
오늘은 매우 덥다.

01   다음을 중국어로 어떻게 표현할까요?

① 우리 회사의 직원은 많다.

我们的公司的职员很多。(?)

我们公司的职员很多。(○)

② 그의 집의 가구는 모두 비싼 것이다.

他的家的家具都很贵。(?)

他家的家具都很贵。(○)

|Tip| 관형어가 명사나 대명사이고 소유관계를 나타낼 때 가족이나 친구, 집단 등을 나타내는 말이 관형어이면 '的'를 생략하기도 한다. 위의 예문은 '的' 가 연이어 두 번씩 쓰이고 있으므로 부자연스럽다. 그 중 하나는 생략해야 하는데 주로 가족이나 친구, 집단 등을 나타내는 관형어 뒤에 있는 구조조 사 '的'를 생략한다.

02   다음을 중국어로 어떻게 표현할까요?

① 그는 노래를 잘 한다.

他唱歌唱的好。(×)

他唱歌唱得好。(○)

② 그들은 우리를 따뜻하게 환영해 주었다.

他们热烈的欢迎我们。(×)

他们热烈地欢迎我们。(○)

|Tip| 서술어와 정도보어 사이에는 구조조사 '得'를 써야 하고, 부사어와 서술어 사이에는 구조조사 '地'를 써야 한다. 관형어 뒤에 쓰는 '的'와 부사어 뒤 에 쓰는 '地', 서술어와 정도보어 사이에 쓰는 '得'는 모두 'de'로 발음되 기 때문에 혼동하기 쉬우므로 조심해야 한다.

'他看书看得多'와 '你要多多地看书'와 '我想看的书很多'의 차이점

'他看书看得多'에서 '得'는 서술어와 정도보어 사이에 놓이는 구조조사이다. 이 때 '多'는 정도보어로 '책을 많이 본다'는 의미를 나타낸다. 두 번째 '你要多多地看书'의 '多多'는 부사어로 '看书'를 수식한다. 이 때 '地'는 부사어와 서술어 사이에 놓이는 구조조사이다. '책을 많이 읽어야 한다'라는 뜻이다. 마지막으로 '我想看的书很多'에서 '的'는 관형어와 중심어 사이에 쓰는 구조조사이다. 그러므로 '我想看'은 '书'를 수식한다. '내가 보고 싶은 책이 많다'는 의미이다.

01 你的事儿自己解决吧。
Nǐ de shìr zìjǐ jiějué ba.
네 일은 네 스스로 해결하라.

02 这是晚上七点半的电影票。
Zhè shì wǎnshang qī diǎn bàn de diànyǐngpiào.
이것은 저녁 7시 반 영화표이다.

03 穿白 T 恤衫的那个青年是我哥哥。
Chuān bái T xùshān de nà ge qīngnián shì wǒ gēge.
흰 티셔츠를 입은 저 청년은 나의 오빠다.

04 小姑娘有一双亮亮的眼睛。
Xiǎogūniang yǒu yì shuāng liàngliàng de yǎnjing.
여자아이는 초롱초롱한 눈동자를 갖고 있습니다.

05 他们幸福地生活着。
Tāmen xìngfú de shēnghuó zhe.
그들은 행복하게 지내고 있습니다.

06 他重重地拍了一下桌子。
Tā zhòngzhòng de pāi le yíxià zhuōzi.
그는 힘껏 책상을 한번 내려쳤습니다.

07 你应该一个字一个字地念。
Nǐ yīnggāi yí ge zì yí ge zì de niàn.
당신은 한 자 한 자 또박또박 읽어야 합니다.

08 我刚才美美地睡了一觉。

Wǒ gāngcái měiměi de shuì le yí jiào.

방금 전에 나는 달게 한잠 잤습니다.

09 认认真真地听课的学生考得也好。

Rènren zhēnzhēn de tīngkè de xuésheng kǎo de yě hǎo.

열심히 수업을 들은 학생들은 시험도 잘 봅니다.

10 你猜得很对。

Nǐ cāi de hěn duì.

당신이 알아 맞혔습니다.

11 孩子们玩儿得很开心。

Háizimen wánr de hěn kāixīn.

어린이들은 아주 신나게 놀았습니다.

12 他今天穿得很好。

Tā jīntiān chuān de hěn hǎo.

오늘 그는 멋지게 차려 입었다.

13 爸爸的西服做得特别合身。

Bàba de xīfú zuò de tèbié hé shēn.

아빠의 양복은 딱 맞게 만들어졌습니다.

14 我们老板的秘书英语说得真棒。

Wǒmen lǎobǎn de mìshū yīngyǔ shuō de zhēn bàng.

우리 사장님 비서는 영어를 정말 잘 합니다.

동태조사

<table>
<tr><td>정의</td><td>동사 뒤에 붙어 완료, 진행, 지속, 경험 등을 나타내는 조사를 동태조사라고 한다. 동태조사로는 '了', '着', '过'가 있다.</td></tr>
</table>

꼭 알아두어야 할 점

1. 동태조사를 쓰는 이유

중국어의 동사는 형태변화가 없기 때문에 동사 뒤에 '了', '着', '过' 등을 붙여서 부가적인 의미를 나타낸다.

2. 了

① 동사 뒤에 써서 동작이나 행위가 이미 완료되었음을 나타낸다.

② 부정형은 서술어 앞에 '没(有)'를 쓰고 '了'를 뺀다.

3. 着

① 동사 뒤에 써서 어떤 행위나 동작이 이루어지고 있거나 어떤 상태가 지속되고 있음을 나타낸다.

② 한 문장에 동사 두 개가 있을 때, 앞 동사 뒤에 '着'를 쓰면 주로 방식을 나타낸다.

③ 부정형은 서술어 앞에 '没(有)'를 쓰고 '着'는 그대로 동사 뒤에 쓴다. 주로 상태의 지속을 부정하는 경우가 많다.

4. 过

① 동사 뒤에 써서 어떤 행위나 동작을 한 적이 있음을 나타낸다.

② 부정형은 서술어 앞에 '没(有)'를 쓰고 '过'는 그대로 동사 뒤에 쓴다.

我 买 了 一斤葡萄。

주어　　서술어　　了　　　　목적어

나는 포도 한 근을 샀다.

● **법칙설명**

동사 뒤에 동태조사 '了'를 써서 동작이나 행위가 이미 완료되었음을 나타
낸다. 서술어 앞에 '已经'을 쓰기도 한다.

● **예문**

我昨天看了一场足球比赛。
Wǒ zuótiān kàn le yì chǎng zúqiú bǐsài.
나는 어제 축구 경기를 보았다.

我已经给妈妈打了一个电话。
Wǒ yǐjīng gěi māma dǎ le yí ge diànhuà.
나는 이미 엄마에게 전화를 한 통 걸었다.

我每天下了课就回家。
Wǒ měitiān xià le kè jiù huíjiā.
나는 매일 수업이 끝나자마자 집에 간다.

我昨天吃了饭就睡觉了。
Wǒ zuótiān chī le fàn jiù shuìjiào le.
나는 어제 밥을 먹자마자 잤다.

我　没(有)　吃　午饭。
주어　　没(有)　　서술어　목적어

나는 점심을 먹지 않았다.

● **법칙설명**

동사 뒤에 동태조사 '了'가 있을 때 부정형은 서술어 앞에 '没(有)'를 써야
한다. 이 때 서술어 뒤의 '了'를 쓰면 틀린 문장이 된다. 서술어 앞에 '**在学
校**'와 같은 전치사구가 있을 때는 그 앞에 부정사인 '**没(有)**'를 써야 한다.

● **예문**

我没(有)在学校吃午饭。
Wǒ méi (yǒu) zài xuéxiào chī wǔfàn.
나는 학교에서 점심을 먹지 않았다.

他昨天没看足球比赛。
Tā zuótiān méi kàn zúqiú bǐsài.
그는 어제 축구 경기를 보지 않았다.

我还没(有)结婚。
Wǒ hái méi (yǒu) jiéhūn.
나는 아직 결혼을 하지 않았다.

对不起，我没准备礼物。
Duì bu qǐ, wǒ méi zhǔnbèi lǐwù.
미안해, 난 선물을 준비하지 못했어.

你　吃　午饭　了没有？

주어　　서술어　　목적어　　　了没有

점심을 먹었니?

법칙설명

동태조사 '了'가 있는 문장을 의문문으로 만들 수 있는 방법은 여러 가지가 있다. 문장 끝에 '吗'를 써서 만들 수 있고, 또 문장 끝에 '没有'를 써서 의문문을 만들 수도 있으며, '동사 + 没 + 동사'의 형식을 써서 정반의문문을 만들 수도 있다.

예문

你给老师打电话了吗？
Nǐ gěi lǎoshī dǎ diànhuà le ma?
선생님께 전화를 드렸니?

你看没看足球比赛？
Nǐ kàn mei kàn zúqiú bǐsài?
축구 경기를 봤니?

你结婚了没有？
Nǐ jiéhūn le méiyǒu?
당신은 결혼을 했습니까?

你准备礼物了没有？
Nǐ zhǔnbèi lǐwù le méiyǒu?
선물을 준비했니?

门 开 着。

주어　서술어　着

문이 열려 있다.

● **법칙설명**

동사 뒤에 동태조사 '着'를 써서 동작이나 행위가 진행되고 있거나, 어떤 상태가 지속되고 있음을 나타낸다. 서술어 앞에 흔히 부사 '正', '在', '正在' 등을 쓰기도 하며 문장 끝에는 '呢'를 쓰기도 한다. 한 문장에 동사가 두 개일 때 앞 동사 뒤에 '着'를 쓰면 행위의 방식을 나타내기도 한다.

● **예문**

他们正谈着话呢。
Tāmen zhèng tánzhe huà ne.
그들은 이야기를 하고 있다.

窗户怎么关着?
Chuānghu zěnme guānzhe?
창문이 왜 닫혀져 있지?

他们喝着啤酒看足球比赛。
Tāmen hēzhe píjiǔ kàn zúqiú bǐsài.
그들은 맥주를 마시면서 축구경기를 보고 있다.

我们走着去吧。
Wǒmen zǒuzhe qù ba.
우리 걸어서 가자.

我　打　过　高尔夫球。

주어　　서술어　　过　　　（목적어）

나는 골프를 쳐 봤어요.

● **법칙설명**

동사 뒤에 동태조사 '过'를 써서 어떤 동작이나 행위를 해 본 경험이 있음을 나타낸다.

● **예문**

我吃过法国菜。
Wǒ chīguo Fǎguó cài.
나는 프랑스 요리를 먹어 봤어요.

我学过游泳。
Wǒ xuéguo yóuyǒng.
나는 수영을 배운 적이 있다.

我们都去过网吧。
Wǒmen dōu qùguo wǎngbā.
우리들은 모두 PC방에 가 본 적이 있다.

我玩儿过这个游戏。
Wǒ wánrguo zhè ge yóuxì.
나는 이 게임을 해 본 적이 있다.

我　没(有)　打　过　高尔夫球。

주어　　　没(有)　　　서술어　　过　　　목적어

나는 골프를 쳐 본 적이 없다.

● **법칙설명**

동사 뒤에 동태조사 '着'나 '过' 가 있을 때 부정형은 서술어 앞에 '没(有)' 를 써야 한다. 이 때 서술어 뒤의 '着'나 '过'는 빼지 않고 그대로 두어야 한다. '着'는 부정문에 잘 쓰이지 않는다. 주로 상태의 지속을 부정하는 경우 에만 쓴다.

● **예문**

我没吃过法国菜。
Wǒ méi chīguo Fǎguó cài.
나는 프랑스 요리를 먹어 본 적이 없다.

我没学过游泳。
Wǒ méi xuéguo yóuyǒng.
나는 수영을 배운 적이 없다.

我们都没去过网吧。
Wǒmen dōu méi qùguo wǎngbā.
우리들은 PC방에 가 본 적이 없다.

窗户没开着。
Chuānghu méi kāizhe.
창문은 열려져 있지 않다.

你 打 过 高尔夫球 没有?
주어　서술어　过　　목적어　　　没有

당신은 골프를 쳐 본 적이 있습니까?

법칙설명

동태조사 '着'나 '过'가 있는 문장을 의문문으로 만들 수 있는 방법은 여러 가지가 있다. 우선, 문장 끝에 '吗'를 써서 만들 수 있다. 또 문장 끝에 '没有'를 써서 의문문을 만들 수도 있으며, '동사 + 没 + 동사'의 형식을 써서 정반의문문을 만들 수 있다.

예문

你吃过法国菜吗?
Nǐ chīguo Fǎguó cài ma?
너는 프랑스 요리를 먹어 본 적이 있니?

你学没学过游泳?
Nǐ xué mei xuéguo yóuyǒng?
너는 수영을 배운 적이 있니?

你们去过网吧没有?
Nǐmen qùguo wǎngbā méiyǒu?
너희들은 PC방에 가 본 적이 있니?

窗户开着没有?
Chuānghu kāizhe méiyǒu?
창문은 열려져 있습니까?

01 다음을 중국어로 어떻게 표현할까요?

① 저는 작년에 텐진에 가지 않았어요.

我去年没去了天津。(×)

我去年没去天津。 (○)

② 나는 어제 TV를 보지 않았어요.

我昨天没看了电视。(×)

我昨天没看电视。 (○)

|Tip| 서술어 앞에 부정사 '没(有)'를 써서 부정형을 만들 때는 서술어 뒤에 완료를 나타내는 동태조사 '了'를 쓰지 말아야 한다.

02 다음을 중국어로 어떻게 표현할까요?

① 나는 수업이 끝나자마자 아르바이트하러 갈 거야.

我下课了去打工。(×)

我下了课去打工。(○)

② 나는 점심을 먹자마자 집에 갈 거야.

我吃午饭了，就回家。(×)

我吃了午饭就回家。 (○)

|Tip| 두 가지 동작이나 행위가 연이어 일어남을 나타낼 때는 첫 번째 동사 바로 뒤에 동태조사 '了'를 써야 한다.

'我买了一本书'와 '我买了书…'의 차이점

'**我买了一本书**'는 완전한 문장이다. 목적어 앞에 수량사 '**一本**'과 같은 수식어가 있으면 동사 뒤에 동태조사 '**了**'를 쓸 수 있다. 그러나 '**我买了书…**'는 목적어가 구체적이지 않기 때문에 아직 말이 끝나지 않은 불완전한 문장이다. 이를 완전한 문장으로 만들려면 문장 끝에 '**了**'를 써서 '**我买书了**'라고 해야 한다. 다시 말해서 '**我买了一本书**'는 '나는 책 한 권을 샀다'는 뜻이고, '**我买了书…**'는 '나는 책을 사고나서…' 다음 동작이 이어진다는 뜻이다.

'他在穿衣服'와 '他穿着衣服'의 차이점

'**他在穿衣服**'에서 '**在**'는 부사로 동작의 진행을 나타낸다. 그러므로 '**他在穿衣服**'는 지금 옷을 입는 중이라는 뜻을 나타낸다. 반면 '**他穿着衣服**'에서 '**着**'는 동태조사로 상태의 지속을 나타낸다. 그러므로 '**他穿着衣服**'는 이미 옷을 입은 상태라는 뜻이 된다.

01 姐姐生了一个儿子。 – 동태조사 了
Jiějie shēng le yí ge érzi.
누나는 아들을 낳았습니다.

02 我昨天喝了牛奶就拉肚子了。 – 동태조사 了
Wǒ zuótiān hē le niúnǎi jiù lā dùzi le.
저는 어제 우유를 마시고 나서 배탈이 났습니다.

03 我没有感冒。 – 부정문(了의 부정)
Wǒ méiyǒu gǎnmào.
나는 감기에 걸리지 않았습니다.

04 他没说假话。 – 부정문(了의 부정)
Tā méi shuō jiǎhuà.
그는 거짓말을 하지 않았습니다.

05 你关灯了没有？ – 의문문(没有)
Nǐ guāndēng le méiyǒu?
전등을 껐습니까?

06 你看没看足球赛？ – 정반의문문(동사＋没＋동사)
Nǐ kàn mei kàn zúqiúsài?
축구경기를 보았습니까?

07 他常常穿着一件黑风衣。 – 동태조사 着
Tā chángcháng chuān zhe yí jiàn hēi fēngyī.
그는 늘 검정 바바리코트를 입고 다닌다.

08　朴老师站**着**讲课。– 동태조사 着 (방식)
Piáo lǎoshī zhànzhe jiǎngkè.
박 선생님은 서서 강의를 하신다.

09　我当**过**记者。– 동태조사 过
Wǒ dāngguo jìzhě.
나는 기자생활을 한 적이 있다.

10　我以前爱**过**一个女孩子。– 동태조사 过
Wǒ yǐqián àiguo yí ge nǚ háizi.
나는 예전에 한 소녀를 사랑한 적이 있습니다.

11　你听没听**过**黎明的歌？– 부정문(过의 부정)
Nǐ tīng mei tīngguo Lí Míng de gē?
리밍의 노래를 들어본 적이 있나요?

12　她做过整容手术**没有**？– 의문문(没有)
Tā zuòguo zhěngróng shǒushù méiyǒu?
그녀는 성형수술한 적이 있어요?

13　我**没**上**过**网。– 부정문
Wǒ méi shàngguo wǎng.
나는 인터넷을 한 적이 없어요.

14　他**没**离开**过**家乡。– 부정문
Tā méi líkāiguo jiāxiāng.
그는 고향을 떠나 본 적이 없습니다.

어 기 조 사

<table>
<tr><td>정의</td><td>문장 끝에 놓여 말하는 사람의 기분을 나타내는 조사
를 어기조사라고 한다.</td></tr>
</table>

꼭 알아두어야 할 점

1. 了
① 새로운 상황이 출현되었거나 상태가 변화되었음을 나타
낸다.
② 변화를 나타낸다.

2. 呢
① 명사나 대명사 뒤에 쓰여 '怎么样', '在哪儿'의 의미
를 나타낸다.
② 의문문에 쓰여 어기를 완화시킨다.
③ 진술문에 쓰여 동작의 진행이나 상태의 지속을 나
타내기도 한다.

3. 吧
① 명령이나 건의를 나타낸다.
② 추측을 나타낸다.

4. 的
① 긍정을 강조하는 의미를 나타낸다.
② 어떤 사건에 대해 확신하는 의미를 강조한다.

법·칙 01

天气　暖和　了。

주어　　서술어　변화표시

날씨가 따뜻해졌다.

● **법칙설명**

문장 끝에 어기조사 '了'를 쓰면 새로운 상황이 출현되거나 상태가 변화되었음을 나타낸다.

● **예문**

现在十二点了。
Xiànzài shí èr diǎn le.
12시가 되었다.

下雨了，快走吧。
Xià yǔ le, kuài zǒu ba.
비가 온다. 빨리 가자.

七点了，该起床了。
Qī diǎn le, gāi qǐ chuáng le.
7시가 되었어, 이제 일어나야 해.

我会滑雪了。
Wǒ huì huáxuě le.
나는 이제 스키를 탈 줄 알게 되었다.

我身体很好，你　呢？

주어　의문표시

저는 건강한데, 당신은 어때요?

● **법칙설명**

명사나 대명사 뒤에 어기조사 '呢'를 쓰면 '怎么样', '在哪儿'의 의미를 나타낸다. 또 의문문에 쓰여 어기를 완화시키는 역할을 하며, 동작의 진행이나 상태의 지속을 나타내기도 한다.

● **예문**

我吃饺子，你呢？
Wǒ chī jiǎozi, nǐ ne?
저는 만두를 먹을 건데, 당신은 뭘 드실래요?

这个问题怎么回答呢？
Zhè ge wèntí zěnme huídá ne?
이 질문에는 어떻게 대답할까?

我的手机呢？
Wǒ de shǒujī ne?
내 핸드폰은 어디 있지?

他们在开会呢。
Tāmen zài kāihuì ne.
그들은 회의를 하고 있습니다.

我们　走　吧。

주어　　　서술어　건의표시

우리 갑시다.

법칙설명

문장 끝에 어기조사 '吧'를 쓰면 명령, 건의를 나타내거나 추측을 나타내기
도 한다.

예문

这是你的吧?

Zhè shì nǐ de ba?
이것은 당신 것이죠?

你忘了吧?

Nǐ wàng le ba?
당신 잊으셨죠?

咱们休息一会儿吧。

Zánmen xiūxi yíhuìr ba.
우리 잠시 쉽시다.

你快睡吧。

Nǐ kuài shuì ba.
빨리 자거라.

他　会来　的。
주어　　서술어　단정표시

그는 올 것이다.

● **법칙설명**

문장 끝에 어기조사 '的'를 쓰면 긍정이나 확신하는 어기를 나타낸다. 이때
동사 앞에 '会'를 자주 쓰며, '会'는 추측을 나타낸다. 형용사를 중첩할 경
우에도 문장 끝에 보통 '的'를 쓴다.

● **예문**

爸爸一定会骂我的。
Bàba yídìng huì mà wǒ de.
아빠가 틀림없이 나를 야단치실 거야.

明天一定会更好的。
Míngtiān yídìng huì gèng hǎo de.
내일은 틀림없이 더 좋아질 것입니다.

妹妹的小手胖胖的，真可爱。
Mèimei de xiǎo shǒu pàngpàng de, zhēn kě'ài.
여동생의 작은 손은 통통해서 정말 귀엽다.

今天挺热的。
Jīntiān tǐng rè de.
오늘은 아주 더워요.

01 다음을 중국어로 어떻게 표현할까요?

① 당신은 한국인이죠?

你是韩国人吗? (?)   你是韩国人吧? (○)

② 당신은 학생이죠?

你是学生吗? (?)   你是学生吧? (○)

|Tip| 의문조사 '吗'를 쓰면 의문을 나타내지만, '吧'를 쓰면 추측을 나타낸다. '…이죠?' 혹은 '…이지?'라는 표현은 '吗'를 쓰지 않고 '吧'를 써야 한다.

02 다음을 중국어로 어떻게 표현할까요?

① 오늘은 덥다.

今天热。 (?)   今天很热。 (○)
今天挺热的。(○)

② 이 옷은 비싸다.

这件衣服贵。(?)   这件衣服很贵。 (○)
这件衣服挺贵的。(○)

|Tip| 일반적으로 일음절 형용사는 단독으로 서술어가 될 수 없다. 서술어 앞에 흔히 정도부사인 '很'이나 '挺' 등을 쓰는데, '挺'을 쓸 때는 문장 끝에 '的'를 함께 쓰는 것이 자연스럽다.

'我会滑雪'와 '我会滑雪了'의 차이점

'我会滑雪'는 '스키를 탈 줄 안다'는 의미이고 '我会滑雪了'는 '예전에는 스키를 탈 줄 몰랐는데, 이제 탈 줄 알게 되었다'는 의미이다. 즉 전자는 현재 어떤 상태임을 서술하는 문장이지만, 후자는 현재 어떤 상태로 변했다는 의미를 강조하는 문장이다. 문장 끝에 쓰인 '了'는 어기조사로 변화를 나타낸다.

例 ① 我不能去中国。저는 중국에 갈 수 없습니다.
② 我不能去中国了。저는 중국에 갈 수 없게 되었습니다.
③ 我没有时间。저는 시간이 없습니다.
④ 我没有时间了。저는 더 이상 시간이 없습니다.

01 我的钱包没有了。

Wǒ de qiánbāo méiyǒu le.
제 지갑이 없어졌습니다.

02 大家都没有工作了。

Dàjiā dōu méiyǒu gōngzuò le.
사람들은 모두 직장을 잃었습니다.

03 我不想告诉你了。

Wǒ bù xiǎng gàosu nǐ le.
너에게 알려주기 싫어졌어!

04 该上课了，快进教室来。

Gāi shàng kè le, kuài jìn jiàoshì lai.
수업시간이 됐습니다. 어서 교실로 들어오세요.

05 我在打电话呢。

Wǒ zài dǎ diànhuà ne.
저는 전화하고 있어요.

06 我这个星期天没有事儿，你呢？

Wǒ zhè ge xīngqī tiān méiyǒu shìr, nǐ ne?
저는 이번 주 일요일에 시간이 있어요, 당신은 어때요?

07 冰箱里有什么呢？

Bīngxiāngli yǒu shénme ne?
냉장고 안에 무엇이 있습니까?

08 你结婚了吧？

Nǐ jiéhūn le ba?

당신 결혼했지요?

09 我们一起去卡拉 OK 厅吧。

Wǒmen yìqǐ qù kǎlā OKtīng ba.

우리 함께 노래방에 갑시다.

10 我没空，你一个人去吧。

Wǒ méi kòng, nǐ yí ge rén qù ba.

저는 시간이 없어요, 당신 혼자 가세요.

11 屋里黑黑的，一个人也没有。

Wūlǐ hēihēi de, yí ge rén yě méiyǒu.

방안이 캄캄하고, 아무도 없습니다.

12 我觉得黎明挺帅的。

Wǒ juéde Lí Míng tǐng shuài de.

나는 리밍이 아주 멋있다고 생각합니다.

13 再等等，他一定会来的。

Zài děngdeng, tā yídìng huì lái de.

좀 더 기다려 봅시다, 그는 틀림없이 올 거예요.

14 韩半岛一定会统一的。

Hánbàndǎo yídìng huì tǒngyī de.

한반도는 꼭 통일될 거예요.

01 明天你能 ______ 能来这儿?
   A 没有　　　B 不　　　　C 不要　　　D 别

02 她每分钟 ______ 打五六十个汉字。
   A 会　　　　B 能　　　　C 可能　　　D 该

03 明天我 ______ 去你家玩吗?
   A 能　　　　B 会　　　　C 需要　　　D 要

04 你 ______ 不 ______ 说法语?
   A 会　　　　B 可以　　　C 应该　　　D 要

05 老王病了，所以昨天 ______ 来上班。
   A 不　　　　B 没　　　　C 不是　　　D 别

06 我的同屋病了，我得 ______，不能去看电影了。
   A 照照顾顾他　　　　　　B 照顾照顾他
   C 照顾他照顾　　　　　　D 照照他顾顾

07 这件事我们得 ______，现在还不能决定。
   A 研究研究　　　　　　　B 研究一研究
   C 研究研究一下　　　　　D 研究了研究

08 这个姑娘总是穿得 ______ 的。
   A 很漂漂亮亮　　　　　　B 漂亮漂亮
   C 漂漂亮亮　　　　　　　D 很漂亮漂亮

09 屋里坐着一位 ＿＿＿＿＿ 的小姐。
  A 大大方方   B 大方大方
  C 方方大大   D 方大方大

10 坐在这儿真好，看得 ＿＿＿＿＿ 的。
  A 清楚   B 清清楚楚
  C 清楚清楚   D 很清清楚楚

11 春节时，＿＿＿＿＿ 都在门上贴了个大大的"福"字。
  A 家家人人   B 人人家家
  C 户户家家   D 家家户户

12 你喜欢哪 ＿＿＿＿＿ 水果？
  A 间   B 所   C 室   D 种

13 他昨天买了一 ＿＿＿＿＿ 运动鞋。
  A 把   B 双   C 只   D 件

14 老师大声 ＿＿＿＿＿ 说："安静点儿!"
  A 地   B 得   C 的   D 着

15 这个问题他回答 ＿＿＿＿＿ 很对。
  A 地   B 得   C 的   D 过

16 孩子们高高兴兴 ＿＿＿＿＿ 回家了。
  A 的   B 得   C 地   D 了

17 看完这部电影，她伤心 ______ 哭了。

    A 了   B 得   C 的   D 地

18 妹妹用两只大大 ______ 眼睛看着我。

    A 了   B 得   C 地   D 的

19 小林，不要躺 ______ 看书。

    A 了   B 得   C 的   D 着

20 明天下 ______ 课，我们就去看电影。

    A 了   B 过   C 着   D 得

21 我想买一张中国地图，你买 ______？

    A 吗   B 呢   C 吧   D 啊

22 教室的门开 ______，灯也亮 ______。

    A 过……过   B 着……着

    C 的……的   D 了……了

23 这件事，你不会不知道 ______？

    A 吗   B 吧   C 么   D 呢

24 来中国以后，我 ______ 北京、南京和西安。

    A 去过   B 去着   C 来过   D 来着

25 你听过这个故事 ______？

    A 吗   B 呢   C 了   D 啊

26 好，你说的话我会记住 ______。

    A 吗   B 了   C 呢   D 的

27 这是我的词典，你的 ______？

    A 吗   B 呢   C 啊   D 吧

28 今年去上海旅游的人一定很多 ______？

    A 啊   B 吗   C 吧   D 呢

29 我病了，不能去学校 ______。

    A 过   B 吗   C 呢   D 了

30 你汉语怎么说 ______ 这么流利？

    A 的   B 地   C 得   D 过

정답										
	1 B	2 B	3 A	4 A	5 B	6 B	7 A	8 C	9 A	10 B
	11 D	12 D	13 B	14 A	15 B	16 C	17 D	18 D	19 D	20 A
	21 A	22 B	23 B	24 A	25 A	26 D	27 B	28 C	29 D	30 C

양사표 (1)

把 bǎ	손잡이가 있는 물건을 셀 때	椅子 伞 刀
杯 bēi	잔, 컵	水 茶 咖啡
本 běn	책 따위를 셀 때(권)	书 词典 杂志
场 chǎng	차례, 바탕	雨 雪 病
封 fēng	편지 따위를 셀 때(통)	信
个 ge	**专用量词**가 없는 것을 셀 때	人 问题 苹果 学生
罐 guàn	깡통, 캔	可乐 啤酒
家 jiā	가정, 가게, 기업 따위를 셀 때	商店 公司
架 jià	받침대가 있는 물건이나 기계를 셀 때	飞机 照相机 钢琴
件 jiàn	일이나 선물, 웃옷을 셀 때	事 礼物 衣服 毛衣
句 jù	말이나 문장 따위를 셀 때(마디)	话
口 kǒu	식구나 돼지를 셀 때	人 猪
块 kuài	덩어리나 조각을 셀 때	蛋糕 石头 香皂
辆 liàng	차량을 셀 때(대)	自行车 汽车
篇 piān	글이나 작품을 셀 때(편)	文章 论文

Week 2

중국어의 문장성분은 겨우 6개이다

중국어의 어순

<table>
<tr><td>어순의 중요성</td><td>중국어는 품사의 여러 가지 형태변화가 없이도 어순으로 다양한 문법적 기능을 나타내는 것이 특징이다. 어순이 달라짐에 따라 그 의미도 달라지기 때문에 정확한 중국어 구사를 위해서는 어순을 잘 익혀두는 것이 매우 중요하다.</td></tr>
</table>

꼭 알아두어야 할 어법

1. 중국어의 어순

① 주어와 서술어만 있을 때 어순은 '주어 + 서술어'이다.

② 주어와 서술어 외에 목적어가 있을 때 어순은 '주어 + 서술어 + 목적어'이다.

목적어가 한국어와는 달리 서술어 뒤에 놓인다는 점에 유의해야 한다.

③ 주어와 서술어 외에 보어가 있을 때 어순은 '주어 + 서술어 + 보어'이다.

중국어는 보어가 매우 발달된 언어이므로 보어의 용법에 유의해야 한다.

④ 주어나 목적어 앞에 수식어가 있을 때 어순은 '수식어 + 주어', '수식어 + 목적어'이다. 이때 수식어는 '관형어'라 한다. 중국어 역시 한국어와 마찬가지로 '수식어 + 피수식어'의 어순을 지니고 있다.

⑤ 서술어와 수식어가 있을 때 어순은 '수식어 + 서술어'이다. 이때 수식어는 '부사어'라 한다.

2. 한국어 어순과의 공통점과 차이점

① 한국어 : 주어 + 서술어

중국어 : 주어 + 서술어

② 한국어 : 수식어 + 피수식어

중국어 : 수식어 + 피수식어

③ 한국어 : 목적어 + 서술어

중국어 : 서술어 + 목적어

他 看。
주어　서술어

그는 본다.

법칙설명

주어와 서술어만 있을 때 어순은 '주어 + 서술어'이다. 서술어가 형용사이고 대조의 느낌일 때는 서술어 앞에 수식어를 쓰지 않아도 된다.

예문

他们休息。
Tāmen xiūxi.
그들은 쉰다.

我们学习。
Wǒmen xuéxí.
우리들은 공부합니다.

妹妹漂亮，姐姐不漂亮。
Mèimei piàoliang jiějie bù piàoliang.
여동생은 예쁘고, 언니는 예쁘지 않다.

书贵，杂志不贵。
Shū guì, zázhì bú guì.
책은 비싸고, 잡지는 비싸지 않다.

我 看 书。
주어　서술어　목적어

나는 책을 본다.

법칙설명

주어와 서술어 외에 목적어가 있을 때 어순은 '주어 + 서술어 + 목적어'이다.

예문

他们学习汉语。
Tāmen xuéxí Hànyǔ.
그들은 중국어를 배운다.

我吃面包，他吃米饭。
Wǒ chī miànbāo, tā chī mǐfàn.
나는 빵을 먹고, 그는 밥을 먹는다.

他们听音乐。
Tāmen tīng yīnyuè.
그들은 음악을 듣는다.

爸爸喝酒了。
Bàba hē jiǔ le.
아빠는 술을 마셨다.

我　看　完了。

주어　　서술어　　보어

나는 다 보았다.

● **법칙설명**

주어와 서술어 외에 보어가 있을 때 어순은 '주어 + 서술어 + 보어'이다.

● **예문**

我吃得很好。- 정도보어
Wǒ chī de hěn hǎo.
저는 잘 먹었습니다.

他们听懂了。- 결과보어
Tāmen tīng dǒng le.
그들은 알아들었다.

弟弟学了一年。- 시간보어
Dìdi xué le yì nián.
남동생은 1년 동안 배웠다.

老师进来了。- 방향보어
Lǎoshī jìnlai le.
선생님께서 들어오셨다.

我的　朋友　看　书。
수식어(관형어)　　주어　　술어　목적어

나의 친구는 책을 본다.

● **법칙설명**

주어나 목적어 앞에 수식어가 있을 때 어순은 '수식어 + 주어', '수식어 + 목적어'이다.

● **예문**

我姐姐学习汉语。– 수식어(관형어) + 주어
Wǒ jiějie xuéxí Hànyǔ.
나의 언니는 중국어를 배운다.

我爸爸看报纸，我妈妈看电视。– 수식어(관형어) + 주어
Wǒ bàba kàn bàozhǐ, wǒ māma kàn diànshì.
나의 아빠는 신문을 보시고, 엄마는 텔레비전을 보신다.

弟弟喝了一杯水。– 수식어(관형어) + 목적어
Dìdi hē le yì bēi shuǐ.
남동생은 물 한 잔을 마셨다.

我喜欢四川菜。– 수식어(관형어) + 목적어
Wǒ xǐhuan Sìchuān cài.
나는 쓰촨 요리를 좋아한다.

我们　一起　看　书。

주어　　수식어(부사어)　서술어　목적어

우리들은 함께 책을 본다.

법칙설명

서술어와 수식어가 있을 때 어순은 '수식어 + 서술어'이다. 이때 수식어를 '부사어'라 한다.

예문

他们努力学习汉语。
Tāmen nǔlì xuéxí Hànyǔ.
그들은 열심히 중국어를 배운다.

我常常看中文报。
Wǒ chángcháng kàn zhōngwénbào.
나는 자주 중국어신문을 봅니다.

我们都听音乐。
Wǒmen dōu tīng yīnyuè.
우리는 모두 음악을 듣는다.

他是韩国人，他的朋友也是韩国人。
Tā shì Hánguórén, tā de péngyou yě shì Hánguórén,
그는 한국인이고, 그의 친구도 한국인이다.

01 다음을 중국어로 어떻게 표현할까요?

① 그는 책을 본다.
他书看。（ × ）   他看书。（ ○ ）

② 나는 밥을 먹는다.
我饭吃。（ × ）   我吃饭。（ ○ ）

③ 그녀는 음악을 듣는다.
她音乐听。(×)   她听音乐。(○)

|Tip| 목적어 '书', '饭', '音乐'는 서술어 '看', '吃', '听' 뒤에 놓아야 한다.

02 다음을 중국어로 어떻게 표현할까요?

① 책 한 권
书一本(×)   一本书(○)

② 물 두 잔
水两杯(×)   两杯水(○)

③ 술 세 병
酒三瓶(×)   三瓶酒(○)

|Tip| 수사와 양사는 명사 앞에 놓아야 한다. 중국어의 어순이 한국어 어순과 다르다는 점에 유의해야 한다.

03 다음을 중국어로 어떻게 표현할까요?

① 1년 동안 배웠다.
一年学了(×)   学了一年(○)

② 빨리 먹는다.
快吃   (×)   吃得快 (○)

③ 한 번 보았다.
一遍看了(×)   看了一遍(○)

|Tip| 한국어는 '1년 동안', '빨리', '한 번' 등이 서술어 앞에 놓이지만, 중국어는 '一年', '快', '一遍' 등이 서술어 뒤에 놓여 보어가 된다.

양사표 (2)

瓶 píng	병	汽水　酒　可乐
片 piàn	평평하고 얇은 물건을 셀 때	面包　饼干
首 shǒu	노래나 시 따위를 셀 때	歌　诗
双 shuāng	쌍을 이루는 물건을 셀 때	鞋子　袜子　筷子
所 suǒ	집, 학교 따위의 건물을 셀 때	房子　学校
台 tái	기계, 설비 따위를 셀 때	电话　电视　电扇
条 tiáo	기다란 물건을 셀 때	路　河　裤子　裙子
套 tào	한 조를 이루고 있는 물건을 셀 때	房间　西服　家具
碗 wǎn	공기 등을 셀 때(공기, 그릇)	饭　面条
位 wèi	사람을 셀 때(분)	客人　老师
张 zhāng	종이, 침대 등 평면이 있는 물건을 셀때	床　桌子　纸　照片
只 zhī	짝을 이룬 물건의 한쪽이나 동물을 셀 때	手　眼睛　鸟　羊
支 zhī	가늘고 기다란 물건을 셀 때	圆珠笔　香烟
座 zuò	산, 건축물 등의 움직이지 않는 큰 사물을 셀 때	山　桥　大楼

01

老师说 ， 我们听。– 주어 + 서술어
Lǎoshī shuō, wǒmen tīng.
선생님은 말하고 우리는 듣는다.

02

爸爸工作 ， 妈妈不工作。– 주어 + 서술어
Bàba gōngzuò, māma bù gōngzuò.
아빠는 직장에 나 가시고 엄마는 집에 계신다.

03

桔子便宜 ， 苹果贵。– 주어 + 서술어
Júzi piányi, píngguǒ guì.
귤은 싸고 사과는 비싸다.

04

你上网吗？– 주어 + 서술어 + 목적어
Nǐ shàng wǎng ma?
인터넷을 하니?

05

我爱你。– 주어 + 서술어 + 목적어
Wǒ ài nǐ.
나는 당신을 사랑합니다.

06

你休息得好吗？– 주어 + 서술어 + 보어
Nǐ xiūxi de hǎo ma?
잘 쉬셨어요?

07

小王买来了水果。– 주어 + 서술어 + 보어 + 목적어
Xiǎo Wáng mǎilai le shuǐguǒ.
샤오 왕이 과일을 사 왔다.

08 我**看**了三遍。— 주어 + 서술어 + 보어
Wǒ kàn le sān biàn.
나는 세 번 보았다.

09 我**听**不懂。— 주어 + 서술어 + 보어
Wǒ tīng bu dǒng.
저는 못 알아듣겠어요.

10 **爸爸**的爸爸是爷爷。— 관형어(수식어) + 주어
Bàba de bàba shì yéye.
아빠의 아빠는 할아버지시다.

11 **那个**女兵很漂亮。— 관형어(수식어) + 주어
Nà ge nǚbīng hěn piàoliang.
그 여군은 예뻐요.

12 他不听**妈妈**的话。— 관형어(수식어) + 목적어
Tā bù tīng māma de huà.
그는 엄마 말을 안 듣는다.

13 我们**都**有一本词典。— 수식어(부사어) + 서술어
Wǒmen dōu yǒu yì běn cídiǎn.
우리는 모두 사전 한 권을 가지고 있다.

14 他**常**去图书馆。— 수식어(부사어) + 서술어
Tā cháng qù túshūguǎn.
그는 도서관에 자주 간다.

주어와 서술어

<table>
<tr><td>정의</td><td>한 문장은 크게 주어부분과 서술어부분으로 나눌 수 있다. 주어는 서술 대상이기 때문에 앞에 놓이고 서술어는 주어에 대한 서술이므로 주어 뒤에 놓이는 것이 일반적인 순서이다.</td></tr>
</table>

꼭 알아두어야 할 점

1. 서술문의 종류

① 형용사술어문 (서술어가 형용사일 때)

서술어가 형용사인 서술문이다. 서술어 앞에는 '很', '非常', '都' 등의 부사 수식어를 쓸 수 있고, 형용사서술어 앞에 부정부사 '不'를 써서 부정문을 만든다. 문장 끝에 '了'가 있으면 이때 '了'는 변화를 표시한다.

② 동사술어문 (서술어가 동사일 때)

서술어가 동사인 서술문이다. 동사 서술어 앞에 '不'나 '没(有)'를 써서 부정문을 만든다.

③ 명사술어문 (서술어가 명사일 때)

서술어가 명사인 서술문이다. 명사 서술어 앞에 '不是'를 써서 부정문을 만든다. 명사 술어문은 주로 날짜, 요일, 시간, 가격, 나이, 학년, 고향 등을 나타낼 때 쓴다

④ 주술술어문(서술어가 '주어 + 서술어' 구조일 때)

문장전체의 서술어가 다시 '주어 + 서술어'의 구조로 이루어져 있다.

2. 주의할 점

① 서술어의 성분이 무엇으로 이루어졌느냐에 따라 형용사술어문, 동사술어문, 명사술어문, 주술술어문으로 나눈다.

② 각 서술문의 부정문을 만들 때 '不'를 써야하는 지 '没(有)'를 써야하는 지에 유의해야 한다.

她 很 漂亮。

주어   형용사서술어

그녀는 예쁘다.

법칙설명

형용사서술어 앞에는 '很', '非常', '都' 등의 부사를 쓸 수 있고, 부정은 형용사 앞에 '不'를 써서 나타낸다. 또 문장 끝에 '了'를 쓰면 변화를 나타낸다.

예문

那本词典很好。
Nà běn cídiǎn hěn hǎo.
그 사전은 좋아요.

我的女朋友非常漂亮。
Wǒ de nǚ péngyou fēicháng piàoliang.
내 여자친구는 아주 예뻐요.

天气冷了。 – 변화 표시
Tiānqì lěng le.
날씨가 추워졌다.

我不忙。 – 부정문
Wǒ bù máng.
전 바쁘지 않습니다.

我们　学习。

주어　　　동사서술어

우리들은 공부한다

● **법칙설명**

서술어가 동사인 서술문이다. 동사서술어 앞에 '不'나 '没(有)'를 써서 부정을 표시한다.

● **예문**

我看电影。
Wǒ kàn diànyǐng.
나는 영화를 볼 거야. / 난 영화를 본다.

我不看电影。
Wǒ bú kàn diànyǐng.
나는 영화 보지 않을 거야. / 난 영화를 보지 않는다.

我看电影了。
Wǒ kàn diànyǐng le.
나는 영화를 봤어.

我没(有)看电影。
Wǒ méi(yǒu) kàn diànyǐng.
나는 영화를 보지 않았어.

今天　　星期天。

주어　　　　명사서술어

오늘은 일요일입니다.

● **법칙설명**

명사술어문에서는 명사(구)가 직접 서술어로 쓰인다. 주로 날짜, 요일, 시간, 가격, 나이, 학년, 고향 등을 나타낼 때 명사술어문을 쓴다. 부정문을 만들 때는 명사서술어 앞에 '不'를 쓰지 않고 '不是'를 써야 한다.

● **예문**

今天一月一号。
Jīntiān yī yuè yī hào.
오늘은 1월 1일이다.

现在三点。
Xiànzài sān diǎn.
지금은 3시이다.

我二十一岁了。 – 변화 표시
Wǒ èr shí yī suì le.
나는 21살이 되었다.

今天不是星期天。 – 부정문
Jīntiān bú shì xīngqī tiān.
오늘은 일요일이 아니다.

他　身体很好。

주어　서술어(주어 + 서술어)

그는 몸이 건강하다.

법칙설명

문장전체의 서술어가 '주어 + 서술어'의 구조로 이루어져 있다.

예문

我头疼。
Wǒ tóu téng.
나는 머리가 아프다.

我工作很忙。
Wǒ gōngzuò hěn máng.
나는 일이 바쁘다.

他个子很高。
Tā gèzi hěn gāo.
그는 키가 크다.

我哥哥身体很好。
Wǒ gēge shēntǐ hěn hǎo.
내 형은 몸이 건강하다.

01 다음을 중국어로 어떻게 표현할까요?

① 오늘은 날씨가 춥다.

今天天气是很冷。(?)   今天天气很冷。(○)

|Tip| 형용사 술어문에서는 형용사가 단독으로 서술어로 쓰일 수 있다. 이 때 '是'를 쓰면 춥다는 사실을 강조하는 문장이 되기 때문에 일반서술문에서는 필요가 없다.

② 어제는 날씨가 추웠다.

昨天天气很冷了。(×)   昨天天气很冷。(○)

|Tip| 형용사 술어문에서는 과거를 나타내는 시간부사(명사)가 과거를 나타내기 때문에 '了'를 써서는 안 된다.

③ 오늘은 날씨가 추워졌다.

今天天气很冷。 (?)   今天天气冷了。(○)

|Tip| 형용사 술어문에서 변화를 나타내려면 문장 끝에 '了'를 써야 한다. '今天天气很冷'이라는 말은 오늘의 날씨 상태가 춥다라는 뜻이지, 추워졌다는 의미가 아니다.

02 다음을 중국어로 어떻게 표현할까요?

① 나는 빵을 먹는다. 我（ 吃 ）面包。

② 나는 빵을 먹지 않는다. / 나는 빵을 먹지 않겠다.

我（ 不吃 ）面包。

③ 나는 빵을 먹었다. 我（ 吃了 ）面包。

④ 나는 빵을 먹지 않았다. 我（ 没吃 ）面包。

|Tip| 吃 → 不吃　吃了 → 没(有)吃

03 다음을 중국어로 어떻게 표현할까요?

① 오늘은 일요일이 아니다.

今天不星期天。(×)   今天不是星期天。(○)

② 그는 20살이 아니다.

他不二十岁。 (×)   他不是二十岁。 (○)

③ 지금은 2시가 아니다.

现在不两点。 (×)   现在不是两点。 (○)

|Tip| 명사술어문의 긍정문에는 '是'를 써도 되고 안 써도 되지만, 부정문의 경우에는 반드시 '不是'를 써야 한다.

01　**这件衣服不大也不小。** – 형용사술어문
Zhè jiàn yīfu bú dà yě bù xiǎo.
이 옷은 크지도 작지도 않다.

02　**今年夏天太热了。** – 형용사술어문
Jīnnián xiàtiān tài rè le.
올 여름은 너무 덥다.

03　**那个小伙子很帅。** – 형용사술어문
Nà ge xiǎohuǒzi hěn shuài.
그 청년은 멋있다.

04　**几年不见，你高了，也漂亮了。** – 형용사술어문(변화표시)
Jǐ nián bú jiàn, nǐ gāo le, yě piàoliang le.
몇 년 못 본 사이에 키도 컸고 예뻐졌구나.

05　**我每天晚上上网。**
Wǒ měitiān wǎnshang shàng wǎng.
나는 매일 저녁 인터넷을 한다.

06　**对不起，我不喝酒。** – 동사술어문
Duì bu qǐ, wǒ bù hē jiǔ.
죄송합니다, 저는 술을 마시지 않습니다.

07　**我还没(有)结婚呢。** – 동사술어문
Wǒ hái méi(yǒu) jiéhūn ne.
저는 아직 결혼을 하지 않았어요.

08 今天不是星期三 ， 今天星期四 。 – 명사술어문

Jīntiān bú shì xīngqī sān, jīntiān xīngqī sì.

오늘은 수요일이 아니라, 목요일이다.

09 现在几点？现在晚上十点 。 – 명사술어문

Xiànzài jǐ diǎn? Xiànzài wǎnshang shí diǎn.

지금 몇 시니? 지금 저녁 10 시야.

10 我十八岁了 。 – 명사 술어문

Wǒ shí bā suì le.

난 18 살이 되었어요.

11 这儿空气好 ， 风景也不错 。 – 주술술어문

Zhèr kōngqì hǎo, fēngjǐng yě búcuò.

이곳은 공기도 좋고 경치도 괜찮다.

12 汉语发音很难 ， 语法比较容易 。 – 주술술어문

Hànyǔ fāyīn hěn nán, yǔfǎ bǐjiào róngyi.

중국어는 발음은 어려운데, 문법은 비교적 쉬운 편이다.

13 这件衣服颜色不错 。 – 주술술어문

Zhè jiàn yīfu yánsè búcuò.

이 옷은 색깔이 괜찮다.

14 他眼睛大 ， 鼻子高 。 – 주술술어문

Tā yǎnjing dà, bízi gāo.

그는 눈이 크고 코가 높다.

목적어

<table>
<tr><td>정의</td><td>목적어는 서술어 뒤에 놓이는 성분으로 서술어의 서술대상이 된다.</td></tr>
</table>

꼭 알아두어야 할 점

1. 목적어를 쓸 수 없는 문장

서술어가 형용사나 자동사로 이루어져 있는 경우에는 목적어를 동반할 수 없다. 어순은 '주어 + 형용사서술어'나 '주어 + 자동사서술어'이다.

2. 목적어를 쓸 수 있는 문장

① 목적어를 한 개 동반할 때

서술어가 타동사인 경우에 일반적으로 목적어를 한 개 동반한다. 이때 목적어는 객체나 주체 혹은 장소 등을 나타낸다.

② 목적어를 두 개 동반할 때

'问', '给', '告诉', '教', '送', '找', '通知' 등의 일부 동사는 목적어를 두 개 동반할 수 있다. 서술어 바로 뒤에 간접목적어를 쓰고 그 뒤에 직접목적어를 쓴다.

3. 목적어를 강조할 때

목적어를 강조하거나 대조를 표시할 때는 목적어를 서술어 앞으로 전치시키기도 한다. 이 때 어순은 '주어 + 목적어 + 서술어'이다.

4. 목적어가 길 때

목적어가 비교적 길 때는 주어 앞으로 전치시키기도 한다. 이 때 어순은 '목적어 + 주어 + 서술어'이다.

她　很漂亮。 / 他们　休息。

주어　　형용사서술어　　　　　　주어　　자동사서술어

그녀는 예쁘다. / 그들은 쉰다.

● **법칙설명**
서술어가 형용사나 자동사인 경우에는 그 뒤에 목적어를 동반할 수 없다.

● **예문**

我不太忙。형용사서술어
Wǒ bú tài máng.
나는 별로 바쁘지 않아.

这本词典真好。형용사서술어
Zhè běn cídiǎn zhēn hǎo.
이 사전은 정말 좋다.

我们休息，他们工作。자동사서술어
Wǒmen xiūxi , tāmen gōngzuò.
우리는 쉬고, 그들은 일한다.

学生们都出发了。자동사서술어
Xuéshengmen dōu chūfā le.
학생들은 모두 출발했다.

他 看 报。

주어　서술어(타동사)　목적어

그는 신문을 본다.

● **법칙설명**

서술어가 타동사인 경우에는 일반적으로 목적어는 한 개이며, 이 때 목적어는 사물이나 장소를 나타낸다.

● **예문**

他不喜欢中国菜。
Tā bù xǐhuan Zhōngguó cài.
그는 중국 요리를 좋아하지 않는다.

他们都去学校了。
Tāmen dōu qù xuéxiào le.
그들은 모두 학교에 갔다.

我喝过中国酒。
Wǒ hēguo Zhōngguó jiǔ.
나는 중국 술을 마셔본 적이 있다.

你在做什么呢?
Nǐ zài zuò shénme ne?
뭐 하고 있니?

我　牛奶　（已经）喝了。

주어　　목적어　　　　서술어

나는 우유를 이미 마셨다.

● **법칙설명**

목적어를 강조하거나 대조를 표시할 때는 목적어를 서술어 앞으로 전치시키기도 한다.

● **예문**

我早饭已经吃了。- 목적어 강조
Wǒ zǎofàn yǐjīng chī le.
나는 아침을 이미 먹었다.

我衣服都洗好了。- 목적어 강조
Wǒ yīfu dōu xǐ hǎo le.
나는 옷을 다 빨아놓았다.

我弟弟英语会说，汉语也会说。- 대조 표시
Wǒ dìdi Yīngyǔ huì shuō, Hànyǔ yě huì shuō.

내 남동생은 영어도 할 줄 알고 중국어도 할 줄 안다.

我上海去过，西安没去过。- 대조 표시
Wǒ Shànghǎi qùguo, Xī'ān méi qùguo.
나는 상하이에는 가 본 적이 있는데, 시안에는 가 본 적이 없다.

那本小说　我　看了。

목적어　　　　주어　　서술어

그 소설을 나는 봤다.

● **법칙설명**

목적어가 비교적 길 때 주어 앞으로 전치시키기도 한다.

● **예문**

老师说的话你听懂了吗？
Lǎoshī shuō de huà nǐ tīng dǒng le ma?
선생님께서 하신 말씀을 알아들었니?

香港的武打片我不太喜欢。
Xiānggǎng de wǔdǎpiān wǒ bú tài xǐhuan.
홍콩의 액션영화를 나는 별로 좋아하지 않는다.

四川菜我吃过，广东菜我没吃过。
Sìchuān cài wǒ chīguo, Guǎngdōng cài wǒ méi chīguo.
쓰촨 요리는 먹어 보았지만 광뚱 요리는 먹어보지 못했다.

这个问题我们明天再讨论吧。
Zhè ge wèntí wǒmen míngtiān zài tǎolùn ba.
이 문제는 우리 내일 계속 토론합시다.

我 问 老师 一个问题。
주어   서술어 간접목적어   직접목적어

나는 선생님께 질문을 했다.

법칙설명

'问', '给', '告诉', '教', '送', '找', '通知' 등의 일부 동사는 목적어를
두 개 동반할 수 있다. 서술어 바로 뒤에 간접목적어를 쓰고 그 뒤에 직접
목적어를 쓴다.

예문

王老师教我们汉语。
Wáng lǎoshī jiāo wǒmen Hànyǔ.
왕 선생님께서 우리에게 중국어를 가르치신다.

哥哥送我一支钢笔。
Gēge sòng wǒ yì zhī gāngbǐ.
오빠는 나에게 만년필 하나를 선물했다.

我告诉你一件事。
Wǒ gàosu nǐ yí jiàn shì.
너에게 한 가지 알려줄게.

售货员找我三块钱。
Shòuhuòyuán zhǎo wǒ sān kuài qián.
점원은 나에게 3위엔을 거슬러 주었다.

01 다음을 중국어로 어떻게 표현할까요?

① 한 사람도 없다.

没有一个人。(×)   一个人也没有。(○)

② 한 개도 먹지 않았다.

没吃一个。(×)   一个也没吃。(○)

③ 한 모금도 마시지 않았다.

没喝一口。(×)   一口也没喝。(○)

|Tip| 완전부정을 나타낼 때는 원래 목적어 위치에 있던 '一个人', '一个', '一杯' 등을 서술어 앞으로 전치시켜야 한다. '하나도 …하지 않았다'라는 말은 '…也没…'의 구조를 써서 표현해야 한다.

02 다음을 중국어로 어떻게 표현할까요?

① 친구를 만나다.

见面朋友(×)

跟朋友见面 / 见朋友(的)面(○)

② 그에게 화가 나다.

生气他 (×)

生他(的)气 / 跟他生气(○)

③ 대학을 졸업하다.

毕业大学(×)

大学毕业(○)

|Tip| '见面', '生气', '毕业' 등은 모두 단순한 동사가 아니라, '동사 + 목적어' 구조로 이루어진 것들이다. '见面', '生气', '毕业'는 이미 '面', '气', '业' 등의 목적어를 가지고 있기 때문에 그 뒤에 목적어를 동반할 수 없다. 그러므로 '朋友', '他', '大学' 등은 서술어 바로 뒤에 쓰거나 서술어 앞에 써야 한다. '朋友'나 '他'는 모두 사람을 가리키는 말이므로 전치사 '跟'과 함께 서술어 앞에 쓸 수도 있다.

03   다음을 중국어로 어떻게 표현할까요?

① 그가 나에게 묻는다.

他跟我问。(×)

他问我。 (○)

② 그가 나에게 알려준다.

他跟我告诉。(×)

他告诉我。 (○)

|Tip| '问(질문하다)', '给(주다)', '告诉(알리다)', '教(가르치다)', '找(거슬러주다)' 등 일부 동사들은 서술어 바로 뒤에 간접목적어를 동반할 수 있다. 한국어의 '…에게', '…한테'와 대응되는 '跟'이나 '对' 등을 써서는 안 된다.

01 老师昨天病了。자동사서술어
Lǎoshī zuótiān bìng le.
선생님은 어제 편찮으셨다.

02 那个人已经走了。– 자동사서술어
Nà ge rén yǐjīng zǒu le.
그 사람은 이미 떠났다.

03 他借书，我还书。– 목적어 한 개
Tā jiè shū, wǒ huán shū.
그는 책을 빌리고 나는 책을 반납한다.

04 我每天晚上看电视连续剧。– 목적어 한 개
Wǒ měitiān wǎnshang kàn diànshì liánxùjù.
나는 매일 저녁 드라마연속극을 본다.

05 我们明天去姐姐那儿。– 목적어 한 개
Wǒmen míngtiān qù jiějie nàr.
우리는 내일 누나 있는 데 간다.

06 请告诉我你的电话号码。– 목적어 두 개
Qǐng gàosu wǒ nǐ de diànhuà hàomǎ.
나에게 네 전화번호를 알려주렴.

07 你借我一点儿钱，好吗？– 목적어 두 개
Nǐ jiè wǒ yìdiǎnr qián, hǎoma?
나에게 돈을 좀 빌려줄 수 있겠니?

08　妈妈送我一件生日礼物。 – 목적어 두 개
Māma sòng wǒ yí jiàn shēngrì lǐwù.
어머니는 나에게 생일 선물을 주셨다.

09　金老师教我们英语。 – 목적어 두 개
Jīn lǎoshī jiāo wǒmen Yīngyǔ.
김 선생님은 우리에게 영어를 가르치신다.

10　我一点儿东西也没吃。 – 완전부정 표시
Wǒ yìdiǎnr dōngxi yě méi chī.
나는 아무것도 먹지 않았다.

11　老王一点儿家务活儿都不干。 – 완전부정 표시
Lǎo Wáng yìdiǎnr jiāwù huór dōu bú gàn.
라오 왕은 가사일을 전혀 하지 않는다.

12　妈妈的病情大夫已经告诉我了。 – 목적어 전치
Māma de bìngqíng dàifu yǐjīng gàosu wǒ le.
어머니의 병환에 대해 의사선생님은 이미 나에게 알려 주었다.

13　《人生》这部电影我早就看过了。 – 목적어 전치
Rénshēng zhè bù diànyǐng wǒ zǎojiù kànguo le.
〈인생〉이 영화를 나는 진작에 보았다.

14　这个问题你能回答吗？ – 목적어 전치
Zhè ge wèntí nǐ néng huídá ma?
이 질문에 대답할 수 있어요?

관형어

<table>
<tr><td>정의</td><td>주어나 목적어 앞에 놓여 수식하는 성분이다.</td></tr>
</table>

꼭 알아두어야 할 점

1. 관형어의 종류

① 동사나 동사구(주술구)인 경우

동사(동사구)나 주술구가 관형어로 쓰일 때는 그 사이에 '的'를 써야 한다.

② 부사의 수식을 받은 형용사이거나 형용사 중첩형인 경우

부사의 수식을 받은 형용사가 관형어로 쓰일 때는 그 사이에 '的'를 써야 한다.

③ 관형어가 수량구나 지시사인 경우

수량구나 지시사가 관형어로 쓰일 때는 그 사이에 '的'를 쓸 필요가 없다.

④ 관형어가 성질을 나타내는 경우

관형어가 성질을 나타내는 경우에는 그 사이에 '的'를 쓰지 않아야 한다.

2. 주의할 점

관형어의 경우 한국어와 어순이 같기 때문에 틀리는 경우가 거의 없다. 다만 관형어와 중심어, 즉 수식하는 말과 수식받는 말 사이에 '的'를 써야 하는지, 쓰지 말아야 하는지는 주의해야 한다.

买 的 人 很多。

관형어　　　　주어　　서술어

산 사람이 많다.

● **법칙설명**
동사(동사구)나 주술구가 관형어로 쓰일 때는 그 사이에 '**的**'를 써야 한다.

● **예문**

北京可看的地方很多。
Běijīng kě kàn de dìfang hěn duō.
베이징은 볼 만한 곳이 많다.

姐姐做的菜都不好吃。
Jiějie zuò de cài dōu bù hǎochī.
언니가 만든 음식은 다 맛없다.

昨天来的老师是美国人吗?
Zuótiān lái de lǎoshī shì Měiguórén ma?
어제 온 선생님은 미국 사람입니까?

妹妹写的汉字很漂亮。
Mèimei xiě de Hànzì hěn piàoliang.
여동생이 쓴 한자는 예쁘다.

首尔　下了　一场很大　的　雨。

주어　　　서술어　　관형어　　　목적어

서울에는 아주 큰 비가 한 차례 왔다.

법칙설명

부사의 수식을 받은 형용사나 형용사가 중첩된 후 관형어로 쓰일 때는 그 사이에 '的'를 써야 한다.

예문

她爱买很贵的衣服。
Tā ài mǎi hěn guì de yīfu.
그녀는 비싼 옷을 사는 것을 좋아해.

他们家有一只非常聪明的小狗。
Tāmen jiā yǒu yì zhī fēicháng cōngming de xiǎogǒu.
그 집에는 아주 영리한 강아지 한 마리가 있다.

她喜欢亮亮的首饰。
Tā xǐhuan liàngliàng de shǒushì.
그녀는 반짝거리는 액세서리를 좋아한다.

妹妹那两个小小的酒窝很可爱。
Mèimei nà liǎng ge xiǎoxiǎo de jiǔwō hěn kě'ài.
여동생의 그 작은 두 보조개는 매우 귀엽다.

我　有　两本　杂志。
주어　서술어　관형어　목적어

나는 잡지 두 권을 가지고 있다.

● **법칙설명**
수량구나 지시사가 관형어로 쓰일 때는 그 사이에 '的'를 쓸 필요가 없다.

● **예문**

我有一个弟弟。
Wǒ yǒu yí ge dìdi.
나는 남동생이 하나 있다.

他买了三本书。
Tā mǎi le sān běn shū.
그는 책 세 권을 샀다.

那位老师是哪国人?
Nà wèi lǎoshī shì nǎ guó rén?
그 선생님은 어느 나라 사람입니까?

这个汉字很难写。
Zhè ge Hànzì hěn nán xiě.
이 한자는 쓰기 어렵다.

这 是 中文 书。

주어　　서술어　　관형어　　목적어

이것은 중국어 책입니다.

법칙설명

관형어가 성질을 나타내는 경우에는 그 사이에 '的'를 쓰지 않아야 한다.

예문

他是中国人。
Tā shì Zhōngguórén.
그는 중국인이다.

这是木头房子。
Zhè shì mùtou fángzi.
이것은 나무로 만든 집이다.

我要一个纸盒子。
Wǒ yào yí ge zhǐ hézi.
나는 종이 상자 하나가 필요하다.

我们班有十个男学生。
Wǒmen bān yǒu shí ge nán xuésheng.
우리 반에는 남학생이 열 명 있다.

01　　다음을 중국어로 어떻게 표현할까요?

① 하루　一个天（ × ）　一天（ ○ ）

② 일년　一个年（ × ）　一年（ ○ ）

|Tip| 수사와 명사 사이에는 일반적으로 양사를 써야 하는데, '天'과 '年'은 양사를 쓰지 않고 수사 뒤에 바로 쓴다.

02　　다음을 중국어로 어떻게 표현할까요?

① 나는 책이 많다.

我有很多书。（ ○ ）　我书很多。（ ○ ）

② 우리 반은 남학생이 많다.

我们班有很多男学生。（ ○ ）

我们班男学生很多。（ ○ ）

|Tip| 위의 두 가지 표현이 모두 가능하다는 점에 유의해야 한다.

03　　다음을 중국어로 어떻게 표현할까요?

① 많은 책

很多的书　（ ? ）　很多书　（ ○ ）

② 적지 않은 학생

不少的学生（ ? ）　不少学生（ ○ ）

|Tip| 부사 '很', '非常', '不' 등의 수식을 받은 형용사가 명사를 수식할 때는 '很好的书', '不好的书'와 같이 그 사이에 '的'을 써야 한다. 그러나 그 형용사가 '多'나 '少'일 때는 일반적으로 '的'를 쓰지 않는다.

04　　다음을 중국어로 어떻게 표현할까요?

① 새 책 두 권

新书两本　　　（ × ）　两本新书　　　（ ○ ）

② 나의 그 새 책 두 권

两本我的那新书（ × ）　我的那两本新书（ ○ ）

|Tip| 관형어가 두 개 이상일 때 순서는 '영속관계나 종속관계를 나타내는 말 + 지시사 + 수사 + 양사 + 형용사/명사'이다.

01 这是谁唱的歌？

Zhè shì shéi chàng de gē?
이 노래는 누가 부른 거니?

02 **星期天去公园**的人很多。

Xīngqī tiān qù gōngyuán de rén hěn duō.
일요일에 공원에 가는 사람은 매우 많다.

03 **小小**的房间里住五个人。

Xiǎoxiǎo de fángjiān li zhù wǔ ge rén.
아주 작은 방에서 다섯 식구가 산다.

04 妹妹的那双**大大**的眼睛非常可爱。

Mèimei de nà shuāng dàdà de yǎnjing fēicháng kě'ài.
여동생의 그 큰 눈망울은 매우 귀엽다.

05 我们是**好**朋友。

Wǒmen shì hǎo péngyou.
우리는 좋은 친구이다.

06 她喜欢穿**名牌**衣服。

Tā xǐhuan chuān míngpái yīfu.
그녀는 유명 브랜드 옷을 입기 좋아한다.

07 韩国是**一个非常美丽**的国家。

Hánguó shì yí ge fēicháng měilì de guójiā.
한국은 매우 아름다운 나라이다.

08 我要两斤苹果。

Wǒ yào liǎng jīn píngguǒ.
사과 두 근을 주세요.

09 这个孩子是我女儿。

Zhè ge háizi shì wǒ nǚ'ér.
이 아이는 제 딸아이예요.

10 那辆车有几个座位？

Nà liàng chē yǒu jǐ ge zuòwèi?
저 차는 좌석이 몇 개 있어요?

11 我有一张世界地图。

Wǒ yǒu yì zhāng shìjiè dìtú.
저는 세계지도 한 장을 가지고 있습니다.

12 给我一杯凉水。

Gěi wǒ yì bēi liáng shuǐ.
냉수 한 잔 주세요.

13 他的太太是中国人。

Tā de tàitai shì Zhōngguórén.
그의 부인은 중국사람입니다.

14 昨天来这儿的那个漂亮的小姐是电影演员。

Zuótiān lái zhèr de nà ge piàoliang de xiǎojie shì diànyǐng yǎnyuán.
어제 여기 왔던 그 예쁜 아가씨는 영화배우이다.

부사어

서술어 앞에 놓여서 서술어를 수식하는 성분이다.

꼭 알아두어야 할 점

1. 부사어의 종류

① 부사인 경우

부사가 부사어로 쓰일 때는 부사어와 서술어 사이에 '地'를 쓰지 않는다.

② 전치사구인 경우

전치사구가 부사어로 쓰일 때 부사어와 서술어 사이에 '地'를 쓰지 않는다.

③ 형용사이거나 형용사 중첩형인 경우

부사어가 일음절 형용사일 때는 '地'를 쓰지 않는다. 그러나 부사어가 형용사이거나 형용사 중첩형인 경우에는 일반적으로 '地'를 써야 하며, 간혹 생략하기도 한다.

④ 부사의 수식을 받은 형용사인 경우

부사어가 부사의 수식을 받은 형용사일 때는 부사어와 서술어 사이에 '地'를 써야 한다.

2. 주의할 점

부사어의 경우 한국어와 어순이 같기 때문에 틀리는 경우가 거의 없다. 다만 부사어와 서술어 사이에 '地'를 써야 하는지, 쓰지 말아야 하는지는 주의해야 한다.

我们 都 看 电视。
주어　　　부사어　서술어　　목적어

우리는 모두 텔레비전을 본다.

법칙설명
부사가 부사어로 쓰일 때는 부사어와 서술어 사이에 '**地**'를 쓰지 않는다.

예문

我**常**去中国。
Wǒ cháng qù Zhōngguó.
나는 중국에 자주 간다.

我学习汉语，他**也**学习汉语。
Wǒ xuéxí Hànyǔ, tā yě xuéxí Hànyǔ.
나도 중국어를 배우고, 그도 중국어를 배운다.

我**非常**喜欢她。
Wǒ fēicháng xǐhuan tā.
나는 그녀를 매우 좋아한다.

我们一**起**吃晚饭了。
Wǒmen yìqǐ chī wǎnfàn le.
우리는 저녁을 함께 먹었다.

他 在家 看 书。

주어　부사어(전치사구)서술어　목적어

그는 집에서 책을 본다.

● **법칙설명**

전치사구가 부사어로 쓰일 때 부사어와 서술어 사이에 '地'를 쓰지 않는다.

● **예문**

他在食堂吃饭。
Tā zài shítáng chīfàn.
그는 식당에서 밥을 먹는다.

学校离我家很远。
Xuéxiào lí wǒ jiā hěn yuǎn.
학교는 우리 집에서 멀다.

我们从这儿出发吧。
Wǒmen cóng zhèr chūfā ba.
우리는 여기에서 출발하자.

妈妈给我打了一个电话。
Māma gěi wǒ dǎ le yí ge diànhuà.
엄마가 나에게 전화를 한 통 하셨다.

他 努力(地) 学习。

주어 　　　 부사어 　　　 서술어

그는 열심히 공부한다.

법칙설명

부사어가 일음절 형용사일 때는 '地'를 쓰지 않는다. 그리고 부사어가 이음절 형용사이거나 형용사 중첩형인 경우 일반적으로 '地'를 써야 하지만, 경우에 따라서는 생략하기도 한다. 형용사를 중첩하면 의미가 좀 강해진다.

예문

你快说!
Nǐ kuài shuō!
빨리 말해!

她高兴地说：“太好了。”
Tā gāoxìng de shuō : "Tài hǎo le."
그녀는 기뻐하면서 '너무 좋아'라고 말했다.

弟弟认认真真地写作业。
Dìdi rènren zhēnzhēn de xiě zuòyè.
남동생은 아주 열심히 숙제를 한다.

你慢慢儿(地)吃吧。
Nǐ mànmānr(de) chī ba.
천천히 먹거라.

他们　非常努力地　学习　汉语。
주어　　　　부사어　　　서술어　목적어

그들은 열심히 중국어를 배운다.

● **법칙설명**

부사의 수식을 받은 형용사가 부사어로 쓰일 때는 부사어와 서술어 사이에 '地'를 써야 한다.

● **예문**

他非常安静地躺着。
Tā fēicháng ānjìng de tǎngzhe.
그는 조용히 누워 있다.

他非常认真地做练习题。
Tā fēicháng rènzhēn de zuò liànxítí.
그는 아주 열심히 연습문제를 푼다.

他不高兴地坐着。
Tā bù gāoxìng de zuòzhe.
그는 기분이 좋지 않은 채로 앉아 있다.

妹妹很快地吃完了两块巧克力。
Mèimei hěn kuài de chī wán le liǎng kuài qiǎokèlì.
여동생은 잽싸게 초콜릿 두 개를 먹어치웠다.

01   다음을 중국어로 어떻게 표현할까요?

① 저도 그래요.

我也。(×)　我也是。（ ○ ）

② 나도 똑같아요.

我也。(×)　我也一样。（ ○ ）

|Tip| 한국어에서는 상대방과 의견이 같거나 상대방과 똑같은 주문을 할 때 '저도요'라는 표현을 자주 사용한다. 한국인들이 '**我也**'라고 말하는 경우가 많다. 그러나 중국어의 '**也**'는 부사이므로 뒤에 반드시 서술어가 있어야 한다. 위의 예문과 같이 '**也**' 뒤에 '**是**'나 '**一样**' 등을 써야 한다.

02   다음을 중국어로 어떻게 표현할까요?

① 우리들도 학생이다.

我们也是学生。(○)

② 우리들은 모두 학생이다.

我们都是学生。(○)

③ 우리들도 모두 학생이다.

我们都也是学生。(×)　我们也都是学生。(○)

|Tip| 부사인 '**也**'와 '**都**'가 각각 쓰일 때는 모두 서술어 앞에 놓인다. '**也**'와 '**都**'가 동시에 쓰일 때는 반드시 '**也都…**'의 순서로 써야 한다.

'不太漂亮'과 '太不漂亮'의 차이점

'**不太漂亮**'은 '별로 예쁘지 않다'라는 의미이고 '**太不漂亮**'은 '너무 예쁘지 않다', 즉 '아주 못생겼다'라는 의미이다.

- **不太漂亮** – 별로 예쁘지 않다
- **不大漂亮** – 별로 예쁘지 않다
- **不怎么漂亮** – 별로 예쁘지 않다
- **太不漂亮** – 너무 못생겼다
- **太漂亮** – 너무 예쁘다

'**不太**', '**不大**', '**不怎么**' 등은 '별로 …하지 않다', '그다지 …하지 않다'라는 뜻이다. 반면에 '**太不**'는 '너무 …하지 않다'라는 의미로 강한 부정을 나타낸다.

01 **夏天我常去游泳。** - 부사
Xiàtiān wǒ cháng qù yóuyǒng.
여름에 나는 자주 수영을 하러 간다.

02 **春天已经来了。**
Chūntiān yǐjīng lái le.
봄은 이미 왔다.

03 **我特别喜欢这部电视剧。** - 부사
Wǒ tèbié xǐhuan zhè bù diànshìjù.
나는 이 드라마를 특별히 좋아한다.

04 **他在学校门口等我。** - 전치사구
Tā zài xuéxiào ménkǒu děng wǒ.
그는 학교 정문에서 나를 기다린다.

05 **我给爸爸买了一件生日礼物。** - 전치사구
Wǒ gěi bàba mǎi le yí jiàn shēngrì lǐwù.
나는 아버지께 생신선물을 사 드렸다.

06 **你们从什么时候开始放假?** - 전치사구
Nǐmen cóng shénme shíhou kāishǐ fàngjià?
너희들은 언제부터 방학을 하니?

07 **学习汉语要多听多说多练习。** - 일음절 형용사
Xuéxí Hànyǔ yào duō tīng duō shuō duō liànxí.
중국어를 배울 때는 많이 듣고 많이 말하고 많이 연습해야 한다.

08 **爷爷，您慢走。** – 일음절 형용사

Yéye, nín màn zǒu.
할아버지, 천천히 (살펴)가세요.

09 **他在公司积极(地)工作。** – 전치사구 + 이음절 형용사

Tā zài gōngsī jījí (de) gōngzuò.
그는 회사에서 열심히 일한다.

10 **职工们热烈(地)欢迎了代表团。** – 이음절 형용사

Zhígōngmen rèliè (de) huānyíng le dàibiǎotuán.
직원들은 대표단을 열렬히 환영하였다.

11 **上课的时候，他非常认真地听讲。** – 부사 + 형용사

Shàngkè de shíhou, tā fēicháng rènzhēn de tīngjiǎng.
수업시간에 그는 매우 열심히 듣는다.

12 **他早早地到了飞机场。** – 형용사 중첩형

Tā zǎozǎo de dào le fēijīchǎng.
그는 공항에 아주 일찍 도착했다.

13 **师母很热情地招待了我们。** – 부사 + 형용사

Shīmǔ hěn rèqíng de zhāodài le wǒmen.
사모님은 따뜻하게 우리를 맞아주셨다.

14 **你慢慢儿就习惯了。** – 형용사 중첩형 + 부사

Nǐ mànmānr jiù xíguàn le.
차츰 익숙해질 거야.

보 어

정의 서술어 뒤에 놓여서 서술어를 보충설명하는 성분이다.

꼭 알아두어야 할 점

1. 보어의 위치

보어는 서술어를 보충설명하는 성분이며, 반드시 서술어 뒤에 놓여야 한다.

2. 보어의 종류

① 정도보어 : 동작이나 행위의 정도를 보충할 때는 서술어 뒤에 정도보어를 쓴다. 이때 서술어와 정도보어 사이에는 반드시 구조조사인 '得'를 써야 한다.

② 결과보어 : 동작이나 행위의 결과를 보충할 때는 서술어 뒤에 결과보어를 쓴다. 결과보어는 정도보어와는 달리 서술어 바로 뒤에 놓인다.

③ 방향보어 : 동작이나 행위의 방향을 보충할 때는 서술어 뒤에 방향보어를 쓴다. 이 때 방향보어는 '来'나 '去'를 쓰는 단순방향보어와 '进来', '上来', '过来', '出去', '下去', '回去' 등을 쓰는 복합방향보어가 있다.

④ 가능보어 : 동작이나 행위의 가능성 여부를 보충할 때는 서술어 뒤에 가능보어를 쓴다. 가능을 나타낼 때는 '得'를 쓰고 불가능을 나타낼 때는 '不'를 쓴다.

⑤ 시간보어 : 동작이나 행위가 진행된 시간을 보충할 때는 서술어 뒤에 시간보어를 쓴다.

⑥ 동량보어 : 동작이나 행위가 이루어진 횟수를 보충할 때는 서술어 뒤에 동량보어를 쓴다. 가장 많이 쓰이는 동량사는 '次'와 '遍' 등이 있다.

⑦ 수량보어 : 서술어의 비교 결과를 양으로 보충할 때는 수량보어를 쓴다.

3. 주의할 점

한국어에서 부사어로 표현되는 것들이 중국어에서는 보어로 표현되는 경우가 많다. 보어는 서술어 뒤에 놓이므로 그 어순에 주의해야 한다.

我 吃 得 很好。
주어　서술어　조사　정도보어

나는 잘 먹었습니다.

● **법칙설명**

동작이나 행위의 정도를 보충할 때는 서술어 뒤에 정도보어를 쓴다. 이때 서술어와 정도보어 사이에는 반드시 구조조사인 '得'를 써야 한다. '得'는 뜻은 없지만, 그 뒤의 성분이 정도보어임을 알려주는 역할을 한다.

● **예문**

他说得很流利。
Tā shuō de hěn liúlì.
그는 말을 유창하게 한다.

爸爸喝得很多。
Bàba hē de hěn duō.
아빠는 많이 마셨다.

爷爷睡得很早。
Yéye shuì de hěn zǎo.
할아버지는 일찍 주무신다.

小林跑得非常快。
Xiǎo Lín pǎo de fēicháng kuài.
샤오 린은 매우 빨리 달린다.

我 听 懂 了。
주어　서술어 결과보어 완료표시

나는 알아들었습니다.

● **법칙설명**

동작이나 행위의 결과를 보충할 때는 서술어 뒤에 결과보어를 쓴다. 결과
보어는 정도보어와는 달리 서술어 바로 뒤에 놓이는데, 그 뒤에 보통 완료
를 나타내는 '了'를 함께 쓴다.

● **예문**

我说完了。
Wǒ shuō wán le.
나는 말을 다 했다.

我们看清楚了。
Wǒmen kàn qīngchu le.
우리들은 똑똑히 봤다.

你猜对了。
Nǐ cāi duì le.
네가 알아 맞추었다.

我弟弟学会了。
Wǒ dìdi xué huì le.
내 남동생은 배워서 할 줄 알게 되었다.

他 出 去 了。

주어   서술어 방향보어 완료표시

그는 나갔습니다.

법칙설명

동작이나 행위의 방향을 보충할 때는 서술어 뒤에 방향보어를 쓴다. 이 때 방향보어는 주로 '来'나 '去'를 많이 사용한다. 방향보어는 약하게 경성으로 읽는다.

예문

老师进来了。
Lǎoshī jìnlai le.
선생님께서 들어오셨다.

爸爸回来了。
Bàba huílai le.
아빠가 돌아오셨다.

他们都上去了。
Tāmen dōu shàngqu le.
그들은 모두 올라갔다.

那个学生下来了。
Nà ge xuésheng xiàlai le.
그 학생은 내려왔다.

我　听　不懂。

주어　서술어　가능보어

저는 못 알아듣겠습니다.

● 법칙설명

동작이나 행위의 가능성 여부를 보충할 때는 서술어 뒤에 가능보어를 쓴다. 가능을 나타낼 때는 '得'를 쓰고 불가능을 나타낼 때는 '不'를 쓴다.

● 예문

我看不清楚。

Wǒ kàn bu qīngchu.

나는 똑똑히 볼 수 없다. / 잘 안 보인다.

爷爷走不快。

Yéye zǒu bu kuài.

할아버지는 빨리 걸을 수 없다.

今天晚上回得来吗?

Jīntiān wǎnshang huí de lái ma?

오늘 저녁에 돌아올 수 있니?

我们进得去吗?

Wǒmen jìn de qù ma?

우리는 들어갈 수 있니?

我们　学　了　一年。

주어　　서술어　완료표시　시간보어

우리는 일년 동안 배웠다.

● **법칙설명**
동작이나 행위가 진행된 시간을 보충할 때는 서술어 뒤에 시간보어를 쓴다.

● **예문**

他听了一个小时。
Tā tīng le yí ge xiǎoshí.
그는 한 시간 동안 들었다.

我等了很长时间。
Wǒ děng le hěn cháng shíjiān.
나는 오랫동안 기다렸다.

爷爷只睡了三个小时。
Yéye zhǐ shuì le sān ge xiǎoshí.
할아버지는 세 시간 밖에 주무시지 않았다.

我的同屋病了三天。
Wǒ de tóngwū bìng le sān tiān.
내 룸메이트는 3일 동안 아팠다.

我　看　了　一遍。

주어　서술어　완료표시　동량보어

나는 한 번 보았다.

법칙설명

동작이나 행위가 이루어진 횟수를 보충할 때는 서술어 뒤에 동량보어를 쓴다. 가장 많이 쓰이는 동량사는 '次'와 '遍' 등이 있다.

예문

他来过两次。
Tā láiguo liǎng cì.
그는 두·번 왔었다.

我们吃过一次。
Wǒmen chīguo yí cì.
우리는 한 번 먹어 본 적이 있어요.

你再说一遍。
Nǐ zài shuō yí biàn.
다시 한 번 말해라.

我写了十遍。
Wǒ xiě le shí biàn.
나는 열 번 썼다.

01　다음을 중국어로 어떻게 표현할까요?

① 빨리 먹어라.
你吃快!　　(×)　　你快吃!　　(○)

② 그는 빨리 먹는다.
他很快地吃。(×)　　他吃得很快。(○)

|Tip| '快'를 서술어 앞에 쓰면 '먹는 행위를 어떻게 하다'라는 의미가 된다. 그러므로 이미 먹는 것을 본 후에 먹는 모습이 어떠하다는 말을 할 때는 '快'를 서술어 뒤에 써야 한다. 서술어 뒤에 놓여 정도보어로 쓰일 때는 이미 일어난 일에 대한 정도나 결과를 표현하게 된다.

02　다음을 중국어로 어떻게 표현할까요?

① 나는 똑똑히 보았다.
我清楚看了。(×) 我看清楚了。(○)

② 그는 빨리 먹을 수 없다.
他不能快吃。(×) 他吃不快。　　(○)

③ 나는 한참 동안 기다렸다.
我半天等了。(×) 我等了半天。(○)

④ 오빠는 한 번 갔었다.
哥哥一次去过。(×) 哥哥去过一次。(○)

|Tip| 한국어는 '똑똑히', '빨리', '한참 동안', '한 번' 등은 모두 서술어 앞에 놓이지만, 중국어의 경우에는 모두 결과보어, 가능보어, 시간보어, 동량보어로 서술어 뒤에 써야 한다.

01 **你回答得很对。**
Nǐ huídá de hěn duì.
너 대답 아주 잘했다. / 네 대답이 훌륭했다.

02 **妹妹睡得很香。**
Mèimei shuì de hěn xiāng.
여동생은 아주 달게 잔다.

03 **他刚睡着。**
Tā gāng shuì zháo.
그는 방금 전에 잠이 들었다.

04 **你想好了吗？**
Nǐ xiǎng hǎo le ma?
너 잘 생각했니?

05 **我明天晚上回来。**
Wǒ míngtiān wǎnshang huílai.
나는 내일 저녁에 돌아올 거야.

06 **你出来以后我再进去。**
Nǐ chūlai yǐhòu wǒ zài jìnqu.
네가 나온 다음에 내가 들어갈게.

07 **我有点儿不舒服，吃不下。**
Wǒ yǒudiǎnr bù shūfu, chī bu xià.
몸이 좀 안 좋아서 먹을 수가 없다.

08　路太滑了，车停**不住**。

Lù tài huá le, chē tíng bu zhù.

길이 너무 미끄러워서 차를 세울 수가 없다.

09　你早上五点起**得来**吗？

Nǐ zǎoshang wǔ diǎn qǐ de lái ma?

아침 5시에 일어날 수 있니?

10　我等了**一个小时**，他也没来。

Wǒ děng le yí ge xiǎoshí, tā yě méi lái.

한 시간이나 기다렸는데도, 그는 오지 않았다.

11　为了考托福，他准备了**一年**。

Wèile kǎo tuōfú, tā zhǔnbèi le yì nián.

토플 시험을 위해 그는 일년 동안 준비했다.

12　我听了**半天**也不知道他在说什么。

Wǒ tīng le bàntiān yě bù zhīdao tā zài shuō shénme.

한참 동안 들었는데도 그가 무슨 말을 하는지 모르겠어.

13　这种啤酒很好喝，我在德国喝过一次。

Zhè zhǒng píjiǔ hěn hǎo hē, wǒ zài Déguó hēguo yí cì.

이런 맥주는 아주 맛있어. 독일에서 한 번 먹어본 적이 있거든.

14　他只听了**一遍**就会唱了。

Tā zhǐ tīng le yí biàn jiù huì chàng le.

그는 딱 한 번 듣고 노래를 부를 줄 알게 되었다.

01 我们 ＿＿＿＿ 到附近的小山上去运动。

    A 常常   B 常常地   C 常地   D 很常常

02 我听了半天 ＿＿＿＿ 明白他说的意思。

    A 就   B 才   C 然后   D 已经

03 昨天他有点儿头痛，八点半 ＿＿＿＿ 睡了。

    A 就   B 才   C 刚   D 正

04 你怎么这么晚 ＿＿＿＿ 来？

    A 刚   B 刚才   C 就   D 才

05 小李和他爱人 ＿＿＿＿ 是公务员。

    A 也   B 偶尔   C 所有   D 都

06 大部分中国人都觉得韩国菜 ＿＿＿＿ 辣了。

    A 挺   B 很   C 非常   D 太

07 爸爸 ＿＿＿＿ 我买了一台电脑。

    A 从   B 在   C 给   D 到

08 上海的南京路 ＿＿＿＿ 总是非常热闹。

    A 从早到晚   B 从上到下

    C 从里到外   D 从东到西

09 A：同志，我想问一下这儿有没有这种词典？
  B：对不起，______ 卖完了。
  A 很快　　　B 快　　　C 已经　　　D 要

10 这部电影真有意思，我想再看______。
  A 一个　　　B 一场　　　C 一趟　　　D 一遍

11 以前我不会喝酒，现在会______。
  A 着　　　B 过了　　　C 得　　　D 了

12 日本人说汉语发音______难，汉字不太难。
  A 一点儿　　　　　　B 有点儿
  C 一点儿了　　　　　D 有点儿了

13 我的几个同学______________。
  A 都在马路对面工作那家公司
  B 都工作在那家公司马路对面
  C 都马路对面的那家公司在工作
  D 都在马路对面的那家公司工作

14 小林没有来上班，因为他______________。
  A 感冒得厉害非常
  B 非常厉害得感冒
  C 感冒得非常厉害
  D 厉害非常得感冒

15 今天下午，我要坐＿＿＿＿＿＿＿＿＿。

    A 的三点三十分飞机　　　　B 的三点三十分的飞机

    C 三点三十分的飞机的　　　　D 三点三十分的飞机

16 这本教材是＿＿＿＿＿＿＿＿＿。

    A 2003 年的在北京出版　　　B 2003 年的在北京的出版

    C 2003 年在北京出版的　　　D 2003 年的在北京出版的

17 你＿＿＿＿＿＿＿＿＿，好吗？

    A 在学校门口等我六点半　　B 六点半在学校门口等我

    C 等我在学校门口六点半　　D 等我六点半在学校门口

18 小女孩的手里拿着＿＿＿＿＿＿＿＿＿。

    A 一个红的大大气球　　　　B 红的大大的一个气球

    C 一个大大红气球　　　　　D 一个大大的红气球

19 今天天气很冷，你要＿＿＿＿＿＿＿＿＿。

    A 多一点儿穿衣服　　　　　B 一点儿多穿衣服

    C 多穿衣服一点儿　　　　　D 多穿一点儿衣服

20 这顶帽子＿＿＿小，请给我一顶大＿＿＿的帽子。

    A 一点儿，一点儿　　　　　B 有点儿，有点儿

    C 一点儿，有点儿　　　　　D 有点儿，一点儿

21 我 A 会 B 说 C 英语 D。
　　　一点儿

22 他在英国 A 已经 B 住了 C 多 D 了。
　　　五年

23 现在 A 请你 B 介绍 C 汉城的情况 D 吧。
　　　一下

24 A 你 B 这 C 白色的运动鞋 D 怎么这么脏。
　　　两双

25 李老师是 A 我大学 B 时代最好 C 朋友 D。
　　　的

26 王军 A 现在 B 学习 C 英语 D。
　　　在补习班

27 每天早饭后，我和小李 A 都 B 踢 C 一会儿 D 足球。
　　　在操场上

28 你看，那位 A 男 B 老师就是王力 C 爸爸 D。
　　　的

29 菜单上面的菜名 A 我 B 一个 C 看 D 不懂。
　　　　　　　　　　也

30 我昨天 A 开 B 车 C 开了 D。
　　　　　　五个半小时

31 A 她 B 是 C 一位 D 热情的售货员。
　　　　　　真

32 A 我们 B 去 C 那个公园 D 散步。
　　　　　常常

Week 3

보어를 알면 중국어가 보인다

정 도 보 어

서술어 뒤에 놓여서 정도를 보충설명하는 문장성분이다.

꼭 알아두어야 할 점

1. 정도보어의 형식

① 목적어가 없을 때 – 주어 + 서술어 + 得 + 정도보어

동작이나 행위의 정도를 보충할 때는 서술어 뒤에 정도보어를 쓴다. 이때 서술어와 정도보어 사이에는 반드시 구조조사인 '得'를 써야 한다. '得'는 특별히 나타내는 뜻은 없지만, 그 뒤의 성분이 정도보어임을 알려주는 역할을 한다.

② 목적어가 있을 때

– 주어 + 서술어 + 목적어 + 서술어 + 得 + 정도보어

서술어 뒤에 목적어가 있을 때는 서술어를 반복하고 그 뒤에 정도보어를 써야 한다.

③ 목적어를 전치시킬 때

– 주어 + 목적어 + 서술어 + 得 + 정도보어

목적어가 있을 때는 서술어를 반복하지 않고 목적어를 서술어 앞으로 전치시키기도 한다.

2. 부정문

부정문으로 만들 때는 부정부사 '不'를 서술어 앞에 쓰지 않고, 정도보어 앞에 쓴다.

3. 의문문

의문문을 만들 때는 문장 끝에 '吗'를 쓴다. 또 정반의문문으로 만들 때는 서술어 부분이 아니라 정도보어 부분을 긍정형과 부정형으로 만들어야 한다.

4. 주의할 점

정도보어가 있는 문장에서 목적어는 절대 서술어 바로 뒤에 쓰일 수 없다.

我 吃 得 很多。
주어　서술어　得　정도보어

나는 많이 먹었다.

법칙설명

동작이나 행위의 정도를 보충할 때는 서술어 뒤에 정도보어를 쓴다. 이 때 서술어와 정도보어 사이에는 반드시 구조조사인 '得'를 써야 한다. '得'는 특별히 나타내는 뜻은 없지만, 그 뒤의 성분이 정도보어임을 알려주는 역할을 한다.

예문

老师说得很快。
Lǎoshī shuō de hěn kuài.
선생님께서는 말씀을 빨리 하신다.

爷爷走得太慢。
Yéye zǒu de tài màn.
할아버지는 걸음이 너무 느리시다. / 너무 천천히 걸으신다.

妹妹笑得很甜。
Mèimei xiào de hěn tián.
여동생은 밝게 웃는다. / 여동생은 예쁘게 웃는다.

我们玩儿得很高兴。
Wǒmen wánr de hěn gāoxìng.
우리들은 재미있게 놀았다.

我 吃 晚饭 吃 得 很多。
주어　서술어　목적어　서술어　得　정도보어

나는 저녁밥을 많이 먹었다.

● **법칙설명**

서술어 뒤에 목적어가 있을 때는 서술어를 반복하고 그 뒤에 정도보어를
써야 한다.

● **예문**

老师说话说得很快。
Lǎoshī shuō huà shuō de hěn kuài.
선생님께서는 말씀을 빨리 하신다.

妈妈买东西买得真多。
Māma mǎi dōngxi mǎi de zhēn duō.
엄마는 물건을 정말 많이 사셨다.

爷爷写毛笔字写得很棒。
Yéye xiě máobǐzì xiě de hěn bàng.
할아버지는 붓글씨를 아주 잘 쓰신다.

她唱歌唱得非常好。
Tā chàng gē chàng de fēicháng hǎo.
그녀는 노래를 매우 잘 부른다.

我 晚饭 吃 得 很多。

주어　　목적어　　서술어　　得　　정도보어

나는 저녁밥을 많이 먹었다.

법칙설명

목적어가 있을 때는 서술어를 반복하지 않고 목적어를 서술어 앞으로 전치
시키기도 한다.

예문

老师话说得很快。
Lǎoshī huà shuō de hěn kuài.
선생님께서는 말씀을 빨리 하신다.

妈妈东西买得真多。
Māma dōngxi mǎi de zhēn duō.
엄마는 물건을 정말 많이 사셨다.

爷爷毛笔字写得很棒。
Yéye máobǐzì xiě de hěn bàng.
할아버지는 붓글씨를 아주 잘 쓰신다.

她歌唱得非常好。
Tā gē chàng de fēicháng hǎo.
그녀는 노래를 매우 잘 부른다.

我 吃 得 不 多。
주어　서술어　得　不　정도보어

나는 많이 먹지 않았다.

법칙설명

부정문으로 만들 때는 부정부사 '不'를 서술어 앞에 쓰지 않고 정도보어 앞
에 쓴다.

예문

老师话说得不快。
Lǎoshī huà shuō de bú kuài.
선생님께서는 말씀을 빨리 하시지 않으신다.

妈妈东西买得真不少。
Māma dōngxi mǎi de zhēn bù shǎo.
엄마는 물건을 꽤 많이 사셨다. / 적지 않게 사셨다.

我们昨天玩儿得不太高兴。
Wǒmen zuótiān wánr de bú tài gāoxìng.
우리들은 어제 별로 재미있게 놀지 못했다.

他洗衣服洗得不干净。
Tā xǐ yīfu xǐ de bù gānjing.
그는 옷을 깨끗하게 빨지 못했다.

05

你 吃 得 多 不多?

주어　　서술어　　得　　긍정형　　부정형

많이 먹었습니까?

법칙설명

의문문을 만들 때, 의문대명사를 사용하거나 문장 끝에 '吗' 등의 의문조사를 써서 만들 수 있다. 정반의문문을 만들 경우에는 서술어 부분이 아니라, 정도보어 부분을 '긍정형 + 부정형' 형태로 만들어야 한다.

예문

老师话说得快不快?
Lǎoshī huà shuō de kuài bu kuài?
선생님께서는 말씀을 빨리 하십니까?

昨天你们玩儿得高兴吗?
Zuótiān nǐmen wánr de gāoxìng ma?
어제 너희들은 재미있게 놀았니?

他唱歌唱得怎么样?
Tā chàng gē chàng de zěnmeyàng?
그는 노래를 잘 하니?

他衣服洗得干净不干净?
Tā yīfu xǐ de gānjing bu gānjing?
그는 옷을 깨끗이 빨았습니까?

她　漂亮　得　很。

주어　　서술어　　得　정도보어

그녀는 매우 예쁘다.

● **법칙설명**

정도보어는 법칙1, 2, 3, 4, 5에서 살펴보았듯이 형용사가 쓰이는 경우가
많다. 그런데 부사, 동사구, 절 등이 쓰이는 경우도 있다.

● **예문**

我的衣服多得很。
Wǒ de yīfu duō de hěn.
내 옷은 아주 많다.

爸爸气得不得了。
Bàba qì de bùdéliǎo.
아빠는 굉장히 화가 나셨다.

妈妈感动得流眼泪了。
Māma gǎndòng de liú yǎnlèi le.
엄마는 감동하셔서 눈물을 흘리셨다.

妹妹哭得眼睛都红了。
Mèimei kū de yǎnjing dōu hóng le.
여동생은 울어서 눈이 다 빨개졌다.

01　다음을 중국어로 어떻게 표현할까요?

① 나는 어제 잘 잤다.

我昨天睡得很好了。(✕)　我昨天睡得很好。(〇)

② 그들은 어제 일찍 왔다.

他们昨天来得很早了。(✕)　他们昨天来得很早。(〇)

|Tip| 정도보어는 이미 일어난 일이나 자주 일어나는 일에 대해 보충설명할 때 쓰이는 보어이다. 그러므로 문장에 '了'를 쓰지 않는다.

02　다음을 중국어로 어떻게 표현할까요?

① 너희 오빠는 어떻게 생겼니?

你哥哥怎么长?(✕)　你哥哥长得怎么样?(〇)

② 너는 요즘 어떻게 지냈니?

你最近怎么过?(✕)　你最近过得怎么样?(〇)

|Tip| 위의 예문에서 '어떻게'라는 말은 방식을 묻는 것이 아니라, 이미 나타난 상황이나 사건에 대한 결과나 정도를 묻는 것이다. 그러므로 '서술어 + 得 + 怎么样'의 구조를 써서 표현해야 한다. 예를 들면 '学得怎么样', '唱得怎么样', '跑得怎么样' 등이 있다.

03　다음을 중국어로 어떻게 표현할까요?

① 그녀는 춤을 잘 춘다.

她跳舞得很好。(✕)　她跳舞跳得很好。(〇)

② 그는 노래를 잘 부른다.

他唱歌得很好。(✕)　他唱歌唱得很好。(〇)

|Tip| 목적어가 있을 때는 반드시 서술어를 반복해야 한다. 목적어 뒤에 바로 '得'와 정도보어를 쓰면 틀린 문장이 되므로 유의해야 한다.

01 **马儿跑得飞快**。
Mǎr pǎo de fēikuài.
말은 나는 듯이 달린다.

02 **她哭得很伤心**。
Tā kū de hěn shāngxīn.
그녀는 슬프게 운다.

03 **奶奶做菜做得太咸**。 - 서술어 반복
Nǎinai zuò cài zuò de tài xián.
할머니는 음식을 너무 짜게 하신다.

04 **秀美打工打得太多了**。 - 서술어 반복
Xiùměi dǎ gōng dǎ de tài duō le.
수미는 아르바이트를 너무 많이 한다.

05 **韩国足球队球踢得真棒**。 - 목적어 전치
Hánguó zúqiúduì qiú tī de zhēn bàng.
한국(국가팀)은 축구를 아주 잘 한다.

06 **小王问题回答得很对**。 - 목적어 전치
Xiǎo Wáng wèntí huídá de hěn duì.
샤오 왕은 문제에 아주 잘 답했다.

07 **她跳舞跳得不好**。 - 부정문
Tā tiào wǔ tiào de bù hǎo.
그녀는 춤을 잘 추지 못한다.

08　那个美国人汉语说得**不太流利**。– 부정문
Nà ge Měiguórén Hànyǔ shuō de bú tài liúlì.
저 미국사람은 중국어를 유창하게 하지 못한다.

09　你每天起得**早不早**？– 정반의문문
Nǐ měitiān qǐ de zǎo bu zǎo?
매일 아침 너는 일찍 일어나니?

10　你车开得**怎么样**？– 의문사
Nǐ chē kāi de zěnmeyàng?
너 운전 잘 하니?

11　**这次期末考试**他考得**特别好**。– 목적어가 길 때
Zhè cì qīmò kǎoshì tā kǎo de tèbié hǎo.
그는 이번 기말 시험을 아주 잘 봤다.

12　小明高兴得**跳了起来**。– 특수한 정도보어
Xiǎo Míng gāoxìng de tiào le qǐlai.
샤오 밍은 뛸 듯이 기뻤다.

13　我累得**不想说话**。– 특수한 정도보어
Wǒ lèi de bù xiǎng shuōhuà.
나는 너무 피곤해서 말도 하기 싫다.

14　去年夏天热得**不得了**。– 특수한 정도보어
Qùnián xiàtiān rè de bùdéliǎo.
작년 여름은 무지무지 더웠다.

결과보어

<table>
<tr><td>정의</td><td>서술어 뒤에 놓여서 그 결과를 보충설명하는 문장성분이다.</td></tr>
</table>

꼭 알아두어야 할 점

1. 결과보어의 형식

① 목적어가 없을 때 – 주어 + 서술어 + 결과보어

동작이나 행위가 이루어진 결과를 보충할 때는 서술어 뒤에 결과보어를 쓴다. 이때 정도보어와는 달리 서술어와 결과보어 사이에는 '得'를 쓰지 않는다. 결과보어 뒤에는 흔히 동작이나 행위가 완료되었음을 나타내는 '了'를 쓴다.

② 목적어가 있을 때 – 주어 + 서술어 + 결과보어 + 목적어

목적어가 있을 때는 결과보어 뒤에 목적어를 쓴다.

③ 목적어가 길 때 – 목적어 + 주어 + 서술어 + 결과보어

목적어가 길 때는 그 목적어를 주어 앞으로 전치시키기도 한다.

2. 부정문

부정문으로 만들 때는 서술어 앞에 '没(有)'를 쓴다. '아직…하지 못했다'라는 의미를 나타낼 때는 '没(有)' 앞에 부사인 '还'를 쓰기도 한다. 이 때 결과보어 뒤의 '了'는 쓰지 말아야 한다.

3. 의문문

의문문으로 만들 때는 문장 끝에 '吗'를 써서 만들 수 있다. '了' 뒤에 '没有'를 붙이거나, 서술어 사이에 '没有'를 쓰면 정반의문문이 된다.

4. 주의할 점

결과보어가 있는 문장에서 목적어는 절대 서술어 바로 뒤에 쓰일 수 없다.

我 听 懂 了。

주어　　서술어　결과보어　了

나는 알아들었습니다.

● **법칙설명**

동작이나 행위가 이루어진 결과를 보충할 때는 서술어 뒤에 결과보어를 쓴다. 이 때 정도보어와는 달리 서술어와 결과보어 사이에는 '得'를 쓰지 않는다. 결과보어 뒤에는 흔히 동작이나 행위가 완료되었음을 나타내는 '了'를 쓴다.

● **예문**

我吃完了。
Wǒ chī wán le.
나는 다 먹었어요.

我们都看清楚了。
Wǒmen dōu kàn qīngchu le.
우리는 모두 똑똑히 봤어요.

你说错了。
Nǐ shuō cuò le.
당신이 잘못 말했어요.

大家都准备好了。
Dàjiā dōu zhǔnbèi hǎo le.
모두들 준비가 다 되었다.

我 听 懂 了 老师的话。
주어　서술어　결과보어　了　　　목적어

나는 선생님 말씀을 알아들었습니다.

● **법칙설명**

목적어가 있을 때는 결과보어 뒤에 목적어를 쓴다.

● **예문**

我看完了那本小说。
Wǒ kàn wán le nà běn xiǎoshuō.
나는 그 소설책을 다 보았다.

我们都看清楚了他的脸。
Wǒmen dōu kàn qīngchu le tā de liǎn.
우리는 모두 그의 얼굴을 똑똑히 보았다.

我说错了他的名字。
Wǒ shuō cuò le tā de míngzi.
나는 그의 이름을 잘못 말했다.

妈妈洗好了冬天的衣服。
Māma xǐ hǎo le dōngtiān de yīfu.
엄마는 겨울옷을 다 세탁하셨다.

老师的话　我　听　懂　了。
목적어전치　　　주어　서술어　결과보어　了

선생님 말씀을 나는 알아들었습니다.

● **법칙설명**
목적어가 길 때는 그 목적어를 주어 앞으로 전치시키기도 한다.

● **예문**

那本小说我看完了。
Nà běn xiǎoshuō wǒ kàn wán le.
그 소설책을 나는 다 보았다.

他的脸我们都看清楚了。
Tā de liǎn wǒmen dōu kàn qīngchu le.
그의 얼굴을 우리들은 모두 똑똑히 봤다.

他的名字我说错了。
Tā de míngzi wǒ shuō cuò le.
그의 이름을 나는 잘못 말했다.

冬天的衣服妈妈都洗好了。
Dōngtiān de yīfu māma dōu xǐ hǎo le.
겨울옷을 엄마는 다 세탁하셨다.

我　没(有)　听　懂。

주어　　　没(有)　　서술어　결과보어

나는 알아듣지 못했습니다.

● **법칙설명**

부정문으로 만들 때는 서술어 앞에 '没(有)'를 쓴다. '아직…하지 못했다'라는 의미를 나타낼 때는 '没(有)' 앞에 부사인 '还'를 쓰기도 한다. 이 때 결과보어 뒤의 '了'는 쓰지 말아야 한다.

● **예문**

我还没(有)吃完。
Wǒ hái méi(yǒu) chī wán.
나는 아직 다 먹지 못했어요.

我们都没(有)看清楚。
Wǒmen dōu méi(yǒu) kàn qīngchu.
우리는 똑똑히 보지 못했어요.

我没(有)说错他的名字。
Wǒ méi(yǒu) shuō cuò tā de míngzi.
나는 그의 이름을 잘못 말하지 않았어요.

妈妈还没(有)洗好冬天的衣服。
Māma hái méi(yǒu) xǐ hǎo dōngtiān de yīfu .
엄마는 아직 겨울옷을 다 세탁하지 못했다.

你 听 懂 了 没有?

주어　　서술어　결과보어　了　　　没有

당신은 알아들었습니까?

법칙설명

의문문을 만들 때는 문장 끝에 '吗'를 써서 만들 수 있다. '了' 뒤에 '没有'를 붙이거나, 서술어 사이에 '没有'를 쓰면 정반의문문이 된다.

예문

你吃完了吗?
Nǐ chī wán le ma?
다 먹었니?

他的脸你们都看清楚了没有?
Tā de liǎn nǐmen dōu kàn qīngchu le méiyǒu?
그의 얼굴을 똑똑히 보았니?

你的名字我说错没说错?
Nǐ de míngzi wǒ shuō cuò méi shuō cuò?
네 이름을 내가 잘못 말했니?

妈妈洗好没洗好衣服?
Māma xǐ hǎo méi xǐ hǎo yīfu?
엄마는 옷을 다 세탁하셨어요?

01 다음을 중국어로 어떻게 표현할까요?

① 남동생은 숙제를 다 하지 못했다.

弟弟没(有)做完作业了。(×)

弟弟没(有)做完作业。 (○)

② 남동생은 숙제를 아직 다 하지 못했다.

弟弟还没(有)做完作业了。(×)

弟弟还没(有)做完作业。 (○)

弟弟还没(有)做完作业呢。(○)

02 다음을 중국어로 작문해보자.

① 나는 내 사전을 찾아보았다.

(我找了我的词典。)

② 나는 내 사전을 찾아냈다.

(我找到了我的词典。)

|Tip| '找了'는 찾는 행위를 했다는 의미만을 나타낼 뿐, 찾고자 하는 사람이
나 물건을 찾았는지 찾지 못했는지는 알 수 없다. 그러나 결과보어 '到'
를 써서 '找到了'라고 하면 찾고자 하는 사람이나 물건을 찾았다는 의미
를 나타내게 된다.

看과 看见의 차이점

① **来看见他了。**(×) → **来看他了。** 그를 보러 왔다.

② **看他了。**(×) → **看见他了。** 그를 보았다.

동사 '看'은 의식적으로 보거나 만난다는 의미이고 동사와 결과보어로 구성된 '看见'은 시야에 무엇인가가 들어와 우연히 보게 되었다는 의미이다. 첫 번째 문장은 의도적으로 그를 만나러 온 것이므로 결과보어 '见'을 쓰면 안 되고, 두 번째 문장은 우연히 그가 눈에 들어온 것이므로 결과보어 '见'을 써야 한다.

我听见了他的声音。 ─ 우연히 그의 목소리가 들렸다는 뜻.
그의 목소리가 들렸다.

我常常听音乐。 ─ 내가 라디오를 틀어 음악을 듣는다는 뜻.
나는 자주 음악을 듣는다.

我没看见他。 ─ 그 사람이 내 눈에 띄지 않았다는 뜻.
나는 그를 보지 못했다.

我没看过三国志。 ─ 읽을 기회가 없거나, 읽기 싫어 아직 읽어본 적이 없다는 뜻.
나는 삼국지를 본 적이 없다.

01 **我说完了。** – 결과보어
Wǒ shuō wán le.
제 이야기는 끝났습니다.

02 **妹妹长胖了。** – 결과보어
Mèimei zhǎng pàng le.
여동생은 살이 쪘습니다.

03 **我做好了今天的作业。** – 목적어
Wǒ zuò hǎo le jīntiān de zuòyè.
나는 오늘 숙제를 다 했다.

04 **小王买好了两张新年音乐会票。** – 목적어
Xiǎo Wáng mǎi hǎo le liǎng zhāng xīnnián yīnyuèhuì piào.
샤오 왕은 신년음악회 티켓 2장을 사 놓았습니다.

05 **我学会了骑自行车。** – 목적어
Wǒ xué huì le qí zìxíngchē.
나는 자전거를 이제 탈 줄 알게 되었어요.

06 **他的电话号码我记住了。** – 목적어 전치
Tā de diànhuà hàomǎ wǒ jì zhù le.
그의 전화번호를 나는 잘 기억해 두었다.

07 **这个谜语我猜对了。** – 목적어 전치
Zhè ge míyǔ wǒ cāi duì le.
이 수수께끼를 나는 알아 맞혔다.

08 **今天的菜**好像买多了。 – 목적어 전치
Jīntiān de cài hǎoxiàng mǎi duō le.
오늘 야채를 너무 많이 산 것 같아요.

09 你别插嘴，我还没说完呢！ – 부정문
Nǐ bié chā zuǐ, wǒ hái méi shuō wán ne!
끼어들지 마세요, 제 말이 아직 끝나지 않았어요.

10 我还没借到那本小说。 – 부정문
Wǒ hái méi jiè dào nà běn xiǎoshuō.
나는 아직 그 소설책을 빌리지 못했어요.

11 地板擦干净了没有？ – 의문문
Dìbǎn cā gānjing le méiyǒu?
바닥은 깨끗이 닦았니?

12 你打扮好了没有？我们快出发吧！ – 의문문
Nǐ dǎbàn hǎo le méiyǒu? Wǒmen kuài chūfā ba!
치장 다 했니? 우리 빨리 출발하자.

13 我听见他在说梦话。
Wǒ tīngjian tā zài shuō mènghuà.
나는 그가 잠꼬대하는 소리를 들었다.

14 我昨天在机场接到了多年没见的老朋友。
Wǒ zuótiān zài jīchǎng jiē dào le duō nián méi jiàn de lǎo péngyou.
어제 공항에서 몇 년 동안 못 만난 옛 친구를 마중했다.

방 향 보 어

| 정의 | 서술어 뒤에 놓여서 방향을 보충설명하는 문장성분이다. |

꼭 알아두어야 할 점

1. 방향보어의 종류

① 단순방향보어 : 来, 去

② 복합방향보어 : 进来, 出来, 上来, 下来, 过来, 回来, 起来, 进去, 出去, 上去, 下去, 过去, 回去

2. 목적어의 위치

① 장소목적어 : 방향보어인 '来'나 '去' 앞에 써야 한다.

② 사람 / 사물 목적어 : 방향보어 앞에 써도 되고 뒤에 써도 된다.

3. 특수한 의미의 방향보어

起来, 过来, 过去, 下来, 下去, 出来, 上去 등이 원래 의미가 아닌 특수한 의미로 쓰이는 경우에 대해 정확하게 파악해야 한다.

4. 방향보어를 읽는 법

방향보어 '来'나 '去'는 서술어와는 달리 경성으로 가볍게 읽어야 한다.

他 出 去 了。
주어　서술어　방향보어

그는 나갔다.

법칙설명

동작이나 행위의 방향을 보충할 때는 서술어 뒤에 방향보어를 쓰는데, 단순방향보어와 복합방향보어가 있다. 단순방향보어는 주로 '来'나 '去'이다. 화자에게 가까워지면 '来'를 쓰고, 화자로부터 멀어지면 '去'를 쓴다.

예문

你们快进来吧。
Nǐmen kuài jìnlai ba.
너희들 빨리 들어와.

爸爸已经回来了。
Bàba yǐjīng huílai le.
아빠는 이미 돌아오셨다.

学生们都上去了。
Xuéshengmen dōu shàngqu le.
학생들은 모두 올라갔다.

你们都回去吧。
Nǐmen dōu huíqu ba.
너희들 모두 돌아가라.

他 跑 出去 了。

주어　서술어　복합방향보어

그는 뛰어 나갔다.

● **법칙설명**

동작이나 행위의 방향을 보충할 때는 서술어 뒤에 복합방향보어를 쓰기도 한다.

복합방향보어

	进	出	上	下	过	回	起
来	进来	出来	上来	下来	过来	回来	起来
去	进去	出去	上去	下去	过去	回去	

● **예문**

小林从楼上走下来了。
Xiǎo Lín cóng lóushang zǒu xiàlai le.
샤오 린은 윗층에서 걸어내려 왔다.

那本小说已经借出去了。
Nà běn xiǎoshuō yǐjīng jiè chūqu le.
그 소설책은 이미 빌려갔다.

我们站起来说："老师好！"
Wǒmen zhàn qǐlai shuō :"Lǎoshī hǎo!"
우리들이 일어나서 '선생님, 안녕하세요'라고 말했다.

小李从学校跑回来了。
Xiǎo Lǐ cóng xuéxiào pǎo huílai le.
샤오 리는 학교에서 뛰어 왔다.

법 칙 03

他 回 宿舍 去 了。
주어　서술어　목적어　방향보어

그는 기숙사로 돌아갔다.

● **법칙설명**

장소를 가리키는 목적어가 있을 때 그 목적어는 '来'나 '去' 앞에 써야
한다.

● **예문**

你快进屋里来吧。
Nǐ kuài jìn wūli lái ba.
빨리 방 안으로 들어와라.

老李走出办公室来了。
Lǎo Lǐ zǒu chū bàngōngshì lái le.
라오 리는 사무실을 걸어 나왔다.

小林已经回北京去了。
Xiǎo Lín yǐjīng huí Běijīng qù le.
샤오 린은 이미 베이징으로 돌아갔다.

妈妈走进房间里去了。
Māma zǒu jìn fángjiānli qù le.
어머니는 방 안으로 걸어 들어가셨다.

他　拿　出来了　一本书。
주어　서술어　방향보어　목적어

／ 他　拿　出了　一本书　来。
주어　서술어　방향보어　목적어　방향보어

그는 책 한 권을 꺼냈다.

● **법칙설명**

사물을 가리키는 목적어가 있을 때 그 목적어는 '来'나 '去' 뒤에 써도
되고 그 앞에 써도 된다.

● **예문**

妈妈买来了一个生日蛋糕。
Māma mǎi lái le yí ge shēngrì dàngāo.

／ 妈妈买了一个生日蛋糕来。
／ Māma mǎi le yí ge shēngrì dàngāo lái.
엄마가 생일 케이크 하나를 사오셨다.

秀美给小林寄去了一个包裹。
Xiùměi gěi Xiǎo Lín jìqu le yí ge bāoguǒ.

／ 秀美给小林寄了一个包裹去。
／ Xiùměi gěi Xiǎo Lín jì le yí ge bāoguǒ qù.
수미가 샤오 린에게 소포 하나를 부쳤다.

爸爸带回来了一架照相机。
Bàba dài huí lai le yí jià zhàoxiàngjī.

／ 爸爸带回了一架照相机来。
／ Bàba dài huí le yí jià zhàoxiàngjī lai.
아빠가 사진기 한 대를 가지고 오셨다.

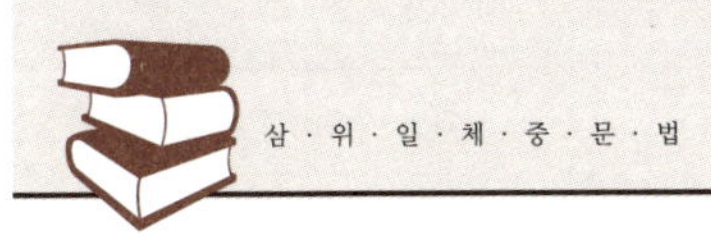

01　다음을 중국어로 어떻게 표현할까요?

① 내 친구는 집에 갔다.

我朋友回去家了。(×)　我朋友回家去了。(○)

② 아빠는 집으로 돌아오셨다.

爸爸回来家了。（ × ）　爸爸回家来了。（ ○ ）

|Tip| 방향보어와 장소를 가리키는 목적어가 있을 때 목적어는 반드시 '来'나 '去' 앞에 써야 한다.

02　다음을 중국어로 어떻게 표현할까요?

① 그는 높이 손을 들었다.

他高高地举起来手。(×)

他高高地举起手来。(○)

② 비가 오기 시작한다.

下起来雨。(×)　　　下起雨来。(○)

|Tip| 복합방향보어인 '起来'와 목적어가 있을 때, 그 목적어는 항상 '起'와 '来' 사이에 놓아야 한다. 그러므로 '举'의 목적어인 '手'와 '下'의 목적어인 '雨'는 반드시 '起'와 '来' 사이에 써야 한다. '눈이 오기 시작한다'와 '바람이 불기 시작한다'는 '下起雪来', '刮起风来' 등과 같이 써야 한다.

방향보어 '下来'와 '下去'의 차이점

방향보어 '下来'는 '내려오다'라는 의미 외에 어떤 동작이나 행위를 지금까지 지속해 왔다는 의미를 나타낸다. 반면에 '下去'는 '내려가다'라는 의미 외에 어떤 동작이나 행위를 앞으로 계속 한다는 의미를 나타낸다.

他虽然跑得很累了，但是还是坚持下来了。
그는 비록 많이 달려서 지쳤지만, 끝까지 버텨 완주했다.

这个故事是从古代传下来的。 이 이야기는 옛날부터 전해 내려온 것이다.

一定要坚持下去! 반드시 끝까지 해 나가야 해!

01
他已经回去了，你去他家找他吧！
Tā yǐjīng huíqu le, nǐ qù tājiā zhǎo tā ba!
그는 이미 (집으로) 돌아갔다. 그의 집에 가서 찾아봐.

02
请大家都进去吧，里面还有座位。
Qǐng dàjiā dōu jìnqu ba, lǐmiàn hái yǒu zuòwèi.
여러분들 모두 들어가세요, 안에 자리가 있습니다.

03
他看见一位老爷爷走过来了。
Tā kànjian yí wèi lǎo yéye zǒu guòlai le.
그는 할아버지 한 분이 걸어오시는 것을 보았다.

04
你有什么话就说出来吧！
Nǐ yǒu shénme huà jiù shuō chūlai ba!
할 말이 있으면 다 해 봐라.

05
听了他的话，大家都笑起来了。
Tīng le tā de huà, dàjiā dōu xiào qǐlai le.
그의 말을 듣고 사람들은 모두 웃기 시작했다.

06
你快说下去，我们都等着呢！
Nǐ kuài shuō xiàqu, wǒmen dōu děng zhe ne!
계속 말해봐. 우리 모두 기다리고 있잖아.

07
车开回家去了。
Chē kāi huíjiā qu le.
차를 집으로 몰고 갔다.

08 **他们终于爬到山顶上去了。**
Tāmen zhōngyú pá dào shāndǐngshang qu le.
그들은 드디어 산 정상에 올라갔다.

09 **小林的行李都已经寄回家去了。**
Xiǎo Lín de xíngli dōu yǐjīng jì huíjiā qu le.
샤오 린의 짐은 이미 집으로 부쳤다.

10 **拿出你的结婚照来，让大家看看。**
Ná chū nǐ de jiéhūnzhào lái, ràng dàjiā kànkan.
네 결혼사진을 꺼내봐, 우리가 좀 보게.

11 **名单已经提上去了。**
Míngdān yǐjīng tí shàngqu le.
명단은 이미 (상부에) 올렸다.

12 **墙上的画要掉下来了。**
Qiángshang de huà yào diào xiàlai le.
벽에 (걸려) 있는 그림이 떨어지려고 한다.

13 **文件已经整理出来了。**
Wénjiàn yǐjīng zhěnglǐ chūlai le.
서류는 이미 다 정리가 끝났다.

14 **天气太热，不少乘客昏过去了。**
Tiānqì tài rè, bù shǎo chéngkè hūn guòqu le.
날씨가 너무 더워서 적지 않은 승객들이 쓰러졌다.

가능보어

<table>
<tr><td>정의</td><td>서술어 뒤에 놓여서 가능여부를 보충설명하는 문장성분이다.</td></tr>
</table>

꼭 알아두어야 할 점

1. 가능보어를 만드는 방법

① 서술어 + **得/不** + 결과보어　⇒ **看得见, 听不清楚**

② 서술어 + **得/不** + 방향보어　⇒ **上得去, 起不来**

③ 서술어 + **得/不** + **了**(liǎo)　⇒ **做得了, 去不了**

2. 목적어의 위치

① 목적어는 서술어 바로 뒤에 쓸 수 없고, 가능보어 뒤에 써야 한다.

② 목적어를 강조할 때나 목적어가 길 때는 주어 앞으로 전치시켜야 한다.

3. 의문문을 만드는 방법

① 문장 끝에 '**吗**'를 쓴다.

② 정반의문문을 만들 때는 서술어와 함께 긍정형과 부정형 전체를 써야 한다.

听得懂不懂?(×)　**听得懂听不懂?**(○)

4. 가능보어를 읽는 법

가운데 쓰이는 '**得**'와 '**不**'는 경성으로 읽는다.

我 听 得懂。

주어　　서술어　　가능보어

나는 알아들을 수 있습니다.

● **법칙설명**

동작이나 행위가 가능한 지 불가능한 지를 보충할 때는 서술어 뒤에 가능보어를 쓴다. 가능보어는 긍정형과 부정형이 있는데, 긍정형은 '得'를 써서 표현하고 부정형은 '不'를 써서 표현한다.

● **예문**

我吃得完。／ 我吃不完。

Wǒ chī de wán.　　Wǒ chī bu wán.

저는 다 먹을 수 있어요. / 저는 다 먹을 수 없어요.

我们看得清楚。／ 我们看不清楚。

Wǒmen kàn de qīngchu.　　Wǒmen kàn bu qīngchu.

우리들은 똑똑히 볼 수 있다. / 우리들은 똑똑히 볼 수 없다.

他们买得到。／ 他们买不到。

Tāmen mǎi de dào.　　Tāmen mǎi bu dào.

그들은 살 수 있다. / 그들은 살 수 없다.

我去得了。／ 我去不了。

Wǒ qù de liǎo.　　Wǒ qù bu liǎo.

나는 갈 수 있다. / 나는 갈 수 없다.

我　听　得懂　老师说的话。

주어　서술어　가능보어　　　목적어

나는 선생님 말씀을 알아들을 수 있다.

● **법칙설명**

목적어가 있을 때는 그 목적어는 가능보어 뒤에 쓴다.

● **예문**

我看得见黑板上的字。
Wǒ kàn de jiàn hēibǎnshang de zì.
나는 칠판 위의 글자를 볼 수 있다. / 칠판의 글자가 보여요.

妹妹搬得动那张桌子。
Mèimei bān de dòng nà zhāng zhuōzi.
여동생은 그 책상을 옮길 수 있다.

我猜不着那个谜语。
Wǒ cāi bu zháo nà ge míyǔ.
나는 그 수수께끼를 알아맞힐 수 없다.

我今天睡不着觉。
Wǒ jīntiān shuì bu zháo jiào.
난 오늘 잠을 이룰 수가 없어요.

上海话　我　听　不懂。
목적어　　　　주어　서술어　가능보어

상하이말을 나는 알아들을 수 없다.

법칙설명

목적어가 있을 때는 그 목적어를 강조하고 싶을 때나 목적어가 너무 길 때는 주어 앞으로 전치시키기도 한다.

예문

这道数学题我算不出来。
Zhè dào shùxuétí wǒ suàn bu chūlai.
이 수학문제를 나는 풀 수 없어.

今天的作业我都做得完。
Jīntiān de zuòyè wǒ dōu zuò de wán.
오늘 숙제를 나는 다 할 수 있어.

那么贵的东西你买得起吗?
Nàme guì de dōngxi nǐ mǎi de qǐ ma?
그렇게 비싼 물건을 살 수 있니?

外国人的名字我记不住。
Wàiguórén de míngzi wǒ jì bu zhù.
외국인의 이름을 난 제대로 외울 수가 없어.

你　听　得懂　听　不懂?
주어　서술어　가능보어　서술어　가능보어

당신은 알아들을 수 있습니까?

● **법칙설명**

가능보어가 있는 문장 끝에 '吗'를 써서 의문문을 만들 수 있다. 정반의
문문을 만들 때는 서술어와 가능보어의 긍정형과 부정형을 모두 써야
한다.

● **예문**

你吃得了吗?
Nǐ chī de liǎo ma?
먹을 수 있니? / 다 먹을 수 있니?

你们看得清楚看不清楚?
Nǐmen kàn de qīngchu kàn bu qīngchu?
너희들은 잘 보이니?

这件事你做得了做不了?
Zhè jiàn shì nǐ zuò de liǎo zuò bu liǎo?
이 일을 너는 해낼 수 있니, 없니?

你明天五点起得来起不来?
Nǐ míngtiān wǔ diǎn qǐ de lái qǐ bu lái?
내일 다섯 시에 일어날 수 있냐, 일어날 수 없냐?

01   다음을 중국어로 어떻게 표현할까요?

네가 잘 쓸 수 있겠니?

你写得好不好?(?)   你写得好写不好?(○)

|Tip| 가능보어가 있는 문장을 정반의문문의 형식으로 만들 때는 서술어와 가능
보어의 긍정형과 부정형을 모두 써야 한다. '你写得好不好?'는 정도를 나
타내는 뜻으로 잘 썼는지 못 썼는지를 묻는 것이지, 잘 쓸 수 있는지를 묻
는 것은 아니다. 그러므로 가능보어를 이용해 질문할 때는 문장 끝에 '吗'
를 써서 '你写得好吗?'라고 하거나, 정반의문문을 써서 '你写得好写不好?'
라고 해야 한다.

02   다음을 중국어로 어떻게 표현할까요?

① 소리가 너무 작아서 잘 들을 수가 없다.

声音太小，我听得不清楚。(?) 声音太小，我听不清楚。(○)

② 글자가 너무 작아서 잘 볼 수가 없다.

字太小，我看得不清楚。(?) 字太小，我看不清楚。(○)

|Tip| 어떤 원인으로 인해 무엇을 할 수 없음을 나타낼 때는 가능보어의 부정형
을 써야 한다. '听得不清楚'와 '看得不清楚'의 '不清楚'는 정도보어이므로
여기에 쓰면 틀린 문장이 된다. '我听得不清楚'의 '不清楚'는 정도보어로
잘 들리지 않는 상태를 묘사하는 것이지, 잘 들을 수 없다는 가능보어의 의
미는 아니다.

정도보어 '写得快'와 가능보어 '写得快'의 차이점

	정도보어	가능보어
구조	서술어 + 得 + 정도보어	서술어 + 가능보어
의미	빨리 쓴다/ 빨리 썼다	빨리 쓸 수 있다
긍정형	写得快	写得快
부정형	写得不快	写不快
정반의문문	写得快不快	写得快写不快
목적어	写汉字写得快	写得快汉字

01 那座山不太高 ，我们爬得上去。
Nà zuò shān bú tài gāo, wǒmen pá de shàngqu.
저 산은 별로 높지 않아서 우리는 오를 수 있다.

02 你等一会儿吧 ，他五点以前回得来。
Nǐ děng yíhuìr ba, tā wǔ diǎn yǐqián huí de lái.
조금만 기다리세요, 그는 5시 전에 올 수 있어요.

03 三天时间一定学得完。
Sāntiān shíjiān yídìng xué de wán.
사흘이면 틀림없이 다 배울 수 있다.

04 这个电影院比较大 ，坐得下一千人。
Zhè ge diànyǐngyuàn bǐjiào dà, zuò de xià yì qiān rén.
이 영화관은 꽤 커서 천 명은 수용할 수 있다.

05 我洗不干净这件衣服。
Wǒ xǐ bu gānjing zhè jiàn yīfu.
나는 이 옷을 깨끗하게 빨 수 없다.

06 你听得见他们的谈话吗？
Nǐ tīng de jiàn tāmen de tánhuà ma?
그들의 이야기가 들립니까?

07 我一个人说服不了他。
Wǒ yí ge rén shuōfú bu liǎo tā.
나 혼자서는 그를 설득시킬 수 없다.

08 **这间屋子放不下两张床。**

Zhè jiān wūzi fàng bu xià liǎng zhāng chuáng.

이 방에는 침대 두 개를 놓을 수 없다.

09 **我们解决不了人家的家庭矛盾。**

Wǒmen jiějué bu liǎo rénjia de jiātíng máodùn.

우리는 남의 집안일을 해결할 수 없다.

10 **那个谜语你猜得着吗？**

Nà ge míyǔ nǐ cāi de zháo ma?

너는 그 수수께끼를 알아맞힐 수 있니?

11 **这么多的行李你拿得动吗？**

Zhème duō de xíngli nǐ ná de dòng ma?

이렇게 많은 짐을 네가 들 수 있겠니?

12 **泰山这么高，我们上得去上不去？**

Tàishān zhème gāo, wǒmen shàng de qù shàng bu qù?

태산이 이렇게 높은데 우리들이 올라갈 수 있을까?

13 **关键是考得上考不上名牌儿大学。**

Guānjiàn shì kǎo de shàng kǎo bu shàng míngpáir dàxué.

관건은 명문대에 입학을 할 수 있느냐 없느냐는 것이다.

14 **那件事我还是记不起来。**

Nà jiàn shì wǒ háishi jì bu qǐlai.

그 일은 나는 아직도 기억나지 않는다.

시간보어 ①

정의	서술어 뒤에 쓰여 행위나 동작이 이루어지는 시간을 나타낸다.

꼭 알아두어야 할 점

1. 시간보어의 형식

① 목적어가 없을 때 – 주어 + 서술어 + 시간보어

동작이나 행위가 이루어지는 시간을 보충할 때는 서술어 뒤에 시간보어를 쓴다.

② 목적어가 있을 때

– 주어 + 서술어 + 목적어 + 서술어 + 시간보어

목적어가 있을 때는 서술어를 반복하고 그 뒤에 시간보어를 써야 한다. 또 서술어를 반복하지 않고 시간보어를 목적어 앞으로 끌어내어 문장을 간단하게 만들기도 한다.

③ 동작이나 행위가 현재까지 지속될 때

– 주어 + 서술어 + 了 + 시간보어 + 了

동작이나 행위가 현재까지 지속되고 있음을 나타낼 때는 문장 끝에 '了'를 쓴다.

④ 동작이나 행위가 이루어진 후 경과된 시간을 표시할 때

– 주어 + 서술어 + 목적어 + 시간보어

목적어가 있어도 서술어를 반복하지 않고 목적어 뒤에 바로 시간보어를 쓴다.

2. 주의할 점

① 동작이나 행위가 이루어지는 시간을 표시하는 시간보어와 동작이나 행위가 이루어진 후 경과된 시간을 표시하는 시간보어를 구분해야 한다.

② 전자의 경우에는 목적어가 있으면 서술어를 반복해야 하지만, 후자의 경우에는 서술어를 반복하지 않고 목적어 뒤에 바로 시간보어를 쓴다.

시간보어 ②

정의	어떤 행위나 동작이 이루어진 후에 경과된 시간을 나타낸다.

법 칙 01

>>> **목적어가 없을 때**

我　看　了　一个小时。

주어　　서술어　　了　　　시간보어

나는 한 시간 동안 보았다.

● **법칙설명**

동작이나 행위가 이루어지는 시간을 보충할 때는 서술어 뒤에 시간보어를
쓴다. '얼마 동안 …했다'의 뜻이다.

● **예문**

我学了三年。
Wǒ xué le sān nián.
나는 3년 동안 배웠다.

他睡了八个小时。
Tā shuì le bā ge xiǎoshí.
그는 8시간 동안 잤다.

我等了二十分钟。
Wǒ děng le èr shí fēnzhōng.
나는 20분 동안 기다렸다.

哥哥练习了两个小时。
Gēge liànxí le liǎng ge xiǎoshí.
형은 2시간 동안 연습했다.

법 칙

02

>>> **목적어가 있을 때**

我　看　书　看　了　一个小时。

주어　서술어　목적어　서술어　　了　　　시간보어

나는 한 시간 동안 책을 보았다.

● **법칙설명**

목적어가 있을 때는 서술어를 반복하고 그 뒤에 시간보어를 써야 한다.
'얼마 동안 …을 했다'의 뜻이다.

● **예문**

我学汉语学了三年。
Wǒ xué Hànyǔ xué le sān nián.
나는 중국어를 3년 동안 배웠다.

他睡觉睡了八个小时。
Tā shuìjiào shuì le bā ge xiǎoshí.
그는 8시간 동안 잠을 잤다.

我等车等了二十分钟。
Wǒ děng chē děng le èr shí fēnzhōng.
나는 20분 동안 차를 기다렸다.

哥哥练习发音练习了两个小时。
Gēge liànxí fāyīn liànxí le liǎng ge xiǎoshí.
형은 2시간 동안 발음연습을 했다.

법 칙 03

>>> **동작·행위의 지속**

我 看 了 一个小时 了。

주어　　서술어　　了　　　시간보어　　　　了

나는 한 시간째 보고 있다.

● **법칙설명**

동사이나 행위가 현재까지 지속되고 있음을 나타낼 때는 문장 끝에 '了'를 쓴다. '얼마 동안 …하고 있다'의 뜻이다.

● **예문**

我学了三年了。
Wǒ xué le sān nián le.
나는 3년째 배우고 있다.

他睡了八个小时了。
Tā shuì le bā ge xiǎoshí le.
그는 8시간째 자고 있다.

我等了二十分钟了。
Wǒ děng le èr shí fēnzhōng le.
나는 20분째 기다리고 있다.

哥哥练习了两个小时了。
Gēge liànxí le liǎng ge xiǎoshí le.
형은 2시간째 연습하고 있다.

법 칙 04

>>> 경과된 시간

我 看 了 一个小时 （的） 书。

주어　　서술어　　了　　　시간보어　　　　（的）　　목적어

나는 한 시간 동안 책을 보았다.

● **법칙설명**

목적어가 있을 때 서술어를 반복하지 않고 시간보어를 목적어 앞으로
끌어내어 문장을 간단하게 만든다. '얼마 동안 …을 했다'의 뜻이다.

● **예문**

我学了三年(的)汉语。
Wǒ xué le sān nián (de) Hànyǔ.
나는 중국어를 3년 동안 배웠다.

他睡了八个小时(的)觉。
Tā shuì le bā ge xiǎoshí (de) jiào.
그는 8시간 동안 잠을 잤다.

我等了二十分钟(的)车。
Wǒ děng le èr shí fēnzhōng (de) chē.
나는 20분 동안 차를 기다렸다.

哥哥练习了一个半小时(的)发音。
Gēge liànxí le yí ge bàn xiǎoshí (de) fāyīn.
형은 1시간 반 동안 발음연습을 했다.

> 시간보어①에 많이 쓰이
> 는 동사는 看，听，写，
> 做，学，吃，等，说，喝
> 등과 같이 어느 정도 지
> 속될 수 있는 것들이다.

법·칙 01

>>> **목적어가 없을 때**

他　离开　了　一个小时　了。
주어　서술어　了　시간보어　了

그는 떠난 지 한 시간이 되었다.

● **법칙설명**

'…한 지 얼마나 되었다'의 뜻을 나타낸다.

● **예문**

爸爸来了一个小时了。
Bàba lá le yí ge xiǎoshí le.
아빠가 오신 지 1시간이 되었다.

他去了二十分钟了。
Tā qù le èr shí fēnzhōng le.
그가 간 지 20분이 되었다.

她死了五年了。
Tā sǐ le wǔ nián le.
그녀가 죽은 지 5년이 되었다.

外公去世了十年了。
Wàigōng qùshì le shí nián le.
외할아버지께서 돌아가신지 10년이 되었다.

02

>>> **목적어가 있을 때**

他　离开　这儿　一个小时　了。
주어　　서술어　　목적어　　　시간보어　　　了

그가 이곳을 떠난 지 한 시간이 되었다.

● **법칙설명**

목적어가 있어도 서술어를 반복하지 않고 바로 시간보어를 쓴다.
목적어가 주로 명사이므로 그 뒤에 완료를 나타내는 동태조사 '了'를
쓰지 않는다. '…을 한 지 얼마나 되었다'라는 의미를 나타낸다.

● **예문**

他来中国一年半了。
Tā lái Zhōngguó yì nián bàn le.
그는 중국에 온 지 1년 6개월이 되었다.

他们结婚三年了。
Tāmen jiéhūn sān nián le.
그들은 결혼한 지 3년 되었다.

爸爸回家两个小时了。
Bàba huíjiā liǎng ge xiǎoshí le.
아빠가 집에 돌아오신 지 2시간이 되었다.

我毕业十年了。
wǒ bìyè shí nián le.
내가 졸업한 지 10년이 되었다.

> 시간보어②에 많이 쓰이는 동사는 **离开, 结(婚), 毕(业), 来,**
> **回, 去, 死** 등과 같이 지속성을 나타낼 수 없는 것들이다.

01   다음을 중국어로 어떻게 표현할까요?

① 나는 1시에 책을 본다.   （**我一点看书。**）

② 나는 1시까지 책을 봤다.   （**我看书看到一点。**）

③ 나는 1시간 동안 책을 봤다. （**我看书看了一个小时。**）

|Tip| 어떤 시간에 어떤 동작이나 행위를 한다고 말할 때 시간사는 부사어 위치에 놓아야하므로 서술어 앞에 놓인다. 그러나 언제까지 어떤 동작이나 행위를 했다고 말할 때는 결과보어 '**到**'를 써야 한다. 또 어떤 동작이나 행위를 얼마 동안 한다고 말할 때는 서술어 뒤에 시간보어를 써야 한다. 모두 비슷한 시간표현이지만 그 형식은 각기 다르므로 유의해야 한다.

02   다음을 중국어로 어떻게 표현할까요?

① 1시: **一点** , 한 시간: **一个小时 , 一个钟头**

② 1일: **一号(一日)** , 하루: **一天**

③ 1월: **一月** , 한 달: **一个月**

|Tip| 시점을 나타내는 말과 시점과 시점 사이의 거리, 즉 시간의 양을 나타내는 말은 다르다. '**点**', '**号**', '**月**'는 특정한 시점을 나타낼 때 쓰이는 단어지만, '**小时**', '**天**' 등은 시간의 양을 나타내는 단어이다.

时间과 小时 차이점

① **时间**은 수량사와 같이 쓸 수 없지만, **小时**는 수량사와 같이 쓸 수 있다.

三个时间(×)   三个小时(○)

② **时间**은 수식어 없이 단독으로 쓸 수 있지만, **小时**는 단독으로 쓸 수 없다.

时间很快(○)   小时很快(×)

有时间(○)   有小时(×)

01
秀美在我家玩儿了一天。
Xiùměi zài wǒ jiā wánr le yì tiān.
수미는 우리 집에서 하루 종일 놀았다.

02
他不停地说了两个小时。
Tā bùtíng de shuō le liǎng ge xiǎoshí.
그는 쉬지 않고 두 시간 동안 말했다.

03
我昨天晚上看电视看了四个小时。
Wǒ zuótiān wǎnshang kàn diànshì kàn le sì ge xiǎoshí.
나는 어제 저녁에 텔레비전을 4시간 동안 보았다.

04
妈妈和朋友打电话打了一个半小时。
Māma hé péngyou dǎ diànhuà dǎ le yí ge bàn xiǎoshí.
엄마는 친구와 1시간 반 동안 전화통화를 하셨다.

05
爸爸坐了10个小时(的)飞机。
Bàba zuò le shí ge xiǎoshí (de) fēijī.
아빠는 10시간 동안 비행기를 타셨다.

06
我听了30分钟音乐。
Wǒ tīng le sān shí fēnzhōng yīnyuè.
나는 30분 동안 음악을 들었다.

07
他站了半天了。
Tā zhàn le bàn tiān le.
그는 서 있은 지 한참 되었다.

08 **姐姐做菜做了两个小时了。**
Jiějie zuòcài zuò le liǎng ge xiǎoshí le.
언니는 두 시간째 요리를 하고 있다.

09 **这家医院开了三十年了。**
Zhè jiā yīyuàn kāi le sān shí nián le.
이 병원은 개원한 지 30년이 되었다.

10 **我的手机丢了一个月了。**
Wǒ de shǒujī diū le yí ge yuè le.
내 핸드폰은 잃어버린 지 한 달이 되었다.

11 **姐姐的电脑坏了多长时间了？**
Jiějie de diànnǎo huài le duōcháng shíjiān le?
언니의 컴퓨터가 고장난 지 얼마나 되었니?

12 **他们离婚已经一年了，还住在一起。**
Tāmen líhūn yǐjīng yì nián le, hái zhù zài yìqǐ.
그들은 이혼한 지 1년이 되었지만, 아직도 같이 살고 있다.

13 **小明起床一个多小时了，还没吃早饭。**
Xiǎo Míng qǐchuáng yí ge duō xiǎoshí le, hái méi chī zǎofàn.
샤오 밍은 일어난 지 1시간이 넘었는데, 아직도 아침을 먹지 않았다.

14 **她生孩子才一个月，可是已经上班了。**
Tā shēng háizi cái yí ge yuè, kěshì yǐjīng shàngbān le.
그녀는 출산한 지 겨우 1개월밖에 안 되었는데, 벌써 출근한다.

동량보어

<table>
<tr><td>정의</td><td>동량보어는 서술어 뒤에 놓여서 동작이나 행위의 횟수를 보충설명하는 문장성분이다.</td></tr>
</table>

꼭 알아두어야 할 점

1. 목적어의 위치

① 동량보어와 목적어가 있을 때, 목적어는 일반적으로 동량보어 뒤에 쓴다.

② 목적어가 장소를 가리키는 말이거나 사람을 가리키는 말일 때는 그 목적어를 동량보어 앞에 쓸 수도 있다.

③ 목적어가 인칭대명사인 '我', '你', '他', '她' 등일 때는 반드시 동량보어 앞에 써야 한다.

④ 목적어를 강조하고자 할 때나 목적어가 길 때는 그 목적어를 주어 앞으로 전치시키기도 한다.

2. 특수한 의미의 동량사 '一下'

① '一下'는 동작이나 행위가 짧은 시간 동안 이루어짐을 나타낸다.

② '좀 …하다'라는 의미이다.

③ '两下', '三下'는 쓸 수 없고, 오직 '一下'만 쓰인다.

수량보어

<table>
<tr><td>정의</td><td>수량보어는 서술어의 비교 결과를 양으로 보충설명하는 문장성분인데, 주로 수량사가 수량보어로 쓰인다.</td></tr>
</table>

꼭 알아두어야 할 점

1. 수량보어의 용법

① 특별한 비교대상 없이 주어가 어떠한 상태이거나, 어떠한 상태로 변화되었음을 양으로 보충설명한다.

② 비교문에 쓰여 두 가지 이상을 비교한 결과를 양으로 보충설명한다.

2. 수량보어와 함께 쓰인 了

수량보어가 쓰이는 문장의 서술어는 대부분 형용사이다. 그러므로 그 형용사 뒤에 쓰인 '了'나 문장 끝에 쓰인 '了'는 일반적으로 변화를 나타낸다.

법 칙 01

>>> **목적어가 없을 때**

我　去过　三次。
주어　　서술어　　동량보어

저는 세 번 가 본 적이 있어요.

● **법칙설명**

동작이나 행위가 이루어진 횟수를 보충할 때는 서술어 뒤에 동량보어
를 쓴다.

● **예문**

我们唱了两遍。
Wǒmen chàng le liǎng biàn.
우리는 노래를 두 번 불렀다.

我们再讨论一次。
Wǒmen zài tǎolùn yí cì.
다시 한 번 토론해 봅시다.

我没有空儿，你去一趟吧!
Wǒ méiyǒu kòngr, nǐ qù yí tàng ba!
난 시간이 없으니 네가 한 번 다녀와라.

你在这儿等一下。
Nǐ zài zhèr děng yíxià.
여기에서 좀 기다려.

법 칙

02

>>> 목적어가 있을 때 ①

我　坐过　两次　飞机。

주어　서술어　동량보어　목적어

나는 비행기를 두 번 타 보았다.

● **법칙설명**

목적어가 있을 때, 목적어는 일반적으로 동량보어 뒤에 쓴다.

● **예문**

我写了三遍生词。
Wǒ xiě le sān biàn shēngcí.
나는 새로 배운 단어를 세 번 썼다.

我喝过一次烧酒。
Wǒ hēguo yí cì shāojiǔ.
나는 소주를 한 번 마셔 본 적이 있어요.

我们等一下小林吧。
Wǒmen děng yíxià Xiǎo Lín ba.
우리 샤오 린을 좀 기다리자.

请你来一趟我的办公室，好吗?
Qǐng nǐ lái yí tàng wǒ de bàngōngshì, hǎo ma?
제 사무실에 한 번 오시는 게 어떨까요?

법칙 03

>>> **목적어가 있을 때 ②**

我　去过　中国　三次。

주어　　서술어　　목적어　　동량보어

저는 중국에 세 번 가 본 적이 있어요.

● **법칙설명**

목적어가 장소를 가리키는 말이거나 사람을 가리키는 말일 때는 동량보어 앞에 쓸 수도 있다. 또 목적어가 인칭대명사인 '我', '你', '他', '她' 등일 때는 반드시 동량보어 앞에 써야 한다.

● **예문**

我们等小林一下吧。
Wǒmen děng Xiǎo Lín yíxià ba.
우리 샤오 린을 좀 기다리자.

请你来我的办公室一趟 ，好吗?
Qǐng nǐ lái wǒ de bàngōngshì yí tàng, hǎo ma?
제 사무실에 한 번 오시는 게 어떨까요?

我见过他一次。
Wǒ jiànguo tā yí cì.
나는 그를 한 번 만난 적이 있다.

我踢了他一脚。
Wǒ tī le tā yì jiǎo.
나는 그를 발로 한 번 찼다.

법·칙 **04**

>>> **목적어를 전치시킬 때**

中国　我　去过　三次。

목적어　　주어　　서술어　　동량보어

중국에 저는 세 번 가 본 적이 있어요.

● **법칙설명**

목적어를 강조하고자 할 때나 목적어가 길 때는 그 목적어를 주어 앞
으로 전치시키기도 한다.

● **예문**

《人生》这部电影我看了三遍。
Rénshēng zhè bù diànyǐng wǒ kàn le sān biàn.
〈인생〉이라는 이 영화는 난 세 번 보았다.

这儿你来过几次?
Zhèr nǐ láiguo jǐ cì?
여기에 너는 몇 번 왔었니?

公司本部我今天去过三趟了。
Gōngsī běnbù wǒ jīntiān qùguo sān tàng le.
본사에 나는 오늘 세 번이나 다녀왔습니다.

那儿的情况你能介绍一下吗?
Nàr de qíngkuàng nǐ néng jièshào yíxià ma?
그곳의 상황을 좀 소개해주실 수 있습니까?

01

>>> **특별한 비교 대상이 없을 때**

我　胖了　五公斤。

주어　　서술어　　수량보어

나는 살이 5kg 쪘다.

법칙설명

특별한 비교대상 없이 주어가 어떤 상태로 변화되었음을 양으로 보충
설명할 때는 서술어 뒤에 수량보어를 쓴다.

예문

孩子又长了一岁。
Háizi yòu zhǎng le yí suì.
아이가 또 한 살 먹었다.

他瘦了很多。
Tā shòu le hěn duō.
그는 많이 야위었다.

今天好像冷一点儿了。
Jīntiān hǎoxiàng lěng yìdiǎnr le.
오늘은 좀 추워진 것 같다.

玛丽漂亮了许多。
Mǎlì piàoliang le xǔduō.
메리는 많이 예뻐졌다.

법칙 02

>>> 특별한 비교대상이 있을 때

哥哥　比我　大　两岁。

주어　　　부사어　　서술어　　수량보어

형은 나보다 두 살이 많다

법칙설명

두 가지 이상을 비교해서 그 결과를 양으로 보충설명할 때는 서술어 뒤에 수량보어를 써야 한다.

예문

我太太比我小三岁。
Wǒ tàitai bǐ wǒ xiǎo sān suì.
내 아내는 나보다 세 살이 어리다.

这件衣服比那件贵一倍。
Zhè jiàn yīfu bǐ nà jiàn guì yí bèi.
이 옷은 저 옷보다 배나 비싸다.

小林比我高一头。
Xiǎo Lín bǐ wǒ gāo yì tóu.
샤오 린은 나보다 머리 하나 더 크다.

妹妹比姐姐还重三公斤。
Mèimei bǐ jiějie hái zhòng sān gōngjīn.
여동생이 언니보다 몸무게가 오히려 3kg이 더 나간다.

결과보어

成 chéng ~으로 되다(하다)

⇨ 换成(~으로 바꾸다)　⇨ 变成(~으로 변하다)

到 dào 결과나 목적에 도달하다, 어떤 장소나 시점에 도달하다

⇨ 买到(샀다)　⇨ 走到(~까지 걸어가다)　⇨ 学到(~까지 배우다)

懂 dǒng 알다, 이해하다

⇨ 听懂(알아듣다)　⇨ 看懂(알아보다)

惯 guàn 습관이 되다, 익숙해지다

⇨ 吃惯(먹는데 습관이 되다)　⇨ 听惯(귀에 익숙해지다)

好 hǎo 잘 하다, 다하다(완료＋목적달성)

⇨ 学好(마스터하다)　⇨ 修理好(다 고치다)

见 jiàn (시각, 청각으로)느끼다

⇨ 看见(보이다)　⇨ 听见(들리다)

开 kāi 나누어지다, 열다, 떨어지다

⇨ 分开(갈라놓다)　⇨ 打开(열어놓다, 펼쳐놓다)

完 wán 마치다, 끝내다

⇨ 做完(다 하다)　⇨ 吃完(다 먹다)

着 zháo 결과, 목적이 달성되다

⇨ 找着(찾아내다)　⇨ 睡着(잠들다)

住 zhù 고정하다, 안정되다

⇨ 停住(멈추다, 서다)　⇨ 记住(제대로 기억하다)

01 다음을 중국어로 어떻게 표현할까요?

① 나는 한 번 가 보았다.

我一次去过。(×)   我去过一次。(○)

② 이 소설책을 나는 한 번 읽어 보았다.

这本小说我一遍看过。(×)

这本小说我看过一遍。(○)

| Tip | 서술어와 동량보어가 있을 때 어순은 '서술어 + 동량보어'이다. 한국어와 같이 '한 번'을 서술어 앞에 쓰면 틀린 문장이 된다.

02 다음을 중국어로 어떻게 표현할까요?

① 나는 여동생보다 세 살이 많다.

我比妹妹三岁大。(×)

我比妹妹大三岁。(○)

② 여동생은 남동생보다 두 살이 어리다.

妹妹比弟弟两岁小。(×)

妹妹比弟弟小两岁。(○)

| Tip | 비교문에서 서술어와 수량보어가 있을 때 어순은 '서술어 + 수량보어'이다. 한국어와 같이 '세 살', '두 살'을 서술어 앞에 쓰면 틀린 문장이 된다. 우선 '나이가 많다', '나이가 어리다'라는 '大'와 '小'를 먼저 쓰고 그 뒤에 그 양을 보충설명하는 수량보어를 써야 맞는 문장이 된다.

03 다음을 중국어로 어떻게 표현할까요?

① 나는 너를 두 번 찾았었어.

我找过两次你。(×)   我找过你两次。(○)

② 나는 그를 한바탕 때렸어.

我打了一顿他。(×)   我打了他一顿。(○)

| Tip | 동량보어와 인칭대명사로 이루어진 목적어가 있을 때 어순은 '목적어 + 동량보어'이다. 다른 일반적인 목적어와 같다고 생각하여 동량보어 뒤에 목적어를 쓰면 틀린 문장이 되므로 유의해야 한다.

次, 遍, 趟의 차이점

'**次**'는 가장 일반적으로 쓰이는 동량사로서, 동작의 횟수를 나타낸다. '**遍**'은 어떤 동작이나 행위를 처음부터 끝까지 한다는 의미를 나타내는 동량사로서, 동작이나 행위의 과정을 강조한다. '**趟**'은 '**次**', '**遍**'과는 달리 왕복을 나타내는 동량사이다.

例 我去过一遍美国。(×)
    我去过一次美国。(○)
    我去过一趟美国。(○)
    这本小说我想再看一趟。(×)
    这本小说我想再看一次。(?)
    这本小说我想再看一遍。(○)
    上午我去了五遍书店。(×)
    上午我去了五次书店。(?)
    上午我去了五趟书店。(○)

미국에 가는 것은 과정을 강조하는 표현이 아니므로 '다녀오다'라는 의미의 '**趟**'이나 '한 번 간다'라는 의미의 '**次**'는 쓸 수 있지만, '**遍**'은 쓸 수 없다. 반면에 소설책을 본다는 의미를 나타낼 때는 왕복을 나타내는 '**趟**'은 쓸 수 없다. 이런 경우에는 '처음부터 끝까지 다시 한 번 본다'는 의미를 나타내는 '**遍**'을 쓰는 것이 가장 좋다. 또 짧은 시간에 여러 번 왔다갔다하는 경우에는 '**次**'보다는 '**趟**'을 쓰는 것이 더 자연스럽다.

01　我叫了**几次**，他都没听见。 – 동량보어
Wǒ jiào le jǐ cì, tā dōu méi tīngjian.
내가 몇 번 불렀는데도 그는 듣지 못했다.

02　他听了**一遍**就会唱了。 – 동량보어
Tā tīng le yí biàn jiù huì chàng le.
그는 한 번 듣고 금방 부를 수 있었다.

03　我们想参观**一下**你的母校。 – 동량보어
Wǒmen xiǎng cānguān yíxià nǐ de mǔxiào.
우리는 당신 모교를 한 번 견학해보고 싶습니다.

04　我游览过一次**汉江**。 – 목적어
Wǒ yóulǎnguo yí cì Hànjiāng.
나는 한강을 한 번 구경해 본 적이 있어요.

05　服务员敲了三下**门**，问："**金先生在吗？**" – 목적어
Fúwùyuán qiāo le sān xià mén, wèn :"Jīn xiānsheng zài ma?"
종업원이 문을 세 번 노크하고 '김 선생님 계십니까?'라고 물었다.

06　你先念一遍**课文**。 – 목적어
Nǐ xiān niàn yí biàn kèwén.
우선 본문을 한 번 읽어보아라.

07　请你告诉**他**一下，我已经找过**他**三次了。 – 목적어
Qǐng nǐ gàosu tā yíxià, wǒ yǐjīng zhǎoguo tā sān cì le.
그에게 전해주세요, 제가 세 번이나 찾았었다고.

08 我最近在学校门口见过小林一次。 – 목적어
Wǒ zuìjìn zài xuéxiào ménkǒu jiànguo Xiǎo Lín yí cì.
나는 얼마 전 학교 정문에서 샤오 린을 한 번 만난 적이 있다.

09 你今天来我这儿一下，我有东西给你。 – 목적어
Nǐ jīntiān lái wǒ zhèr yíxià, wǒ yǒu dōngxi gěi nǐ.
오늘 내게 한번 다녀가라, 너에게 줄 것이 있거든.

10 这个故事我听过好几遍了。 – 목적어전치
Zhè ge gùshi wǒ tīngguo hǎo jǐ biàn le.
이 이야기를 나는 여러 번 들었습니다.

11 我丈夫结婚以后胖了三公斤。 – 수량보어
Wǒ zhàngfu jiéhūn yǐhòu pàng le sān gōngjīn.
제 남편은 결혼 후 3 kg이 늘었어요.

12 他在韩国又多了一个朋友。 – 수량보어
Tā zài Hánguó yòu duō le yí ge péngyou.
그는 한국에서 친구 한 명이 더 늘었다.

13 韩国菜比中国菜辣一点儿。 – 수량보어
Hánguó cài bǐ Zhōngguó cài là yìdiǎnr.
한국 음식은 중국 음식보다 조금 맵다.

14 这个月的收入比上个月多三十万块。 – 수량보어
Zhè ge yuè de shōurù bǐ shàng ge yuè duō sān shí wàn kuài.
이 달 수입은 지난 달보다 30 만원이 늘었다.

01 今天比昨天 _______。
    A 很多冷　　　B 冷多了　　　C 非常冷　　　D 多冷了

02 他家的院子总是打扫得 _______。
    A 干净　　　　　　　　　B 干净的
    C 干干净净的　　　　　　D 干净干净的

03 这套西服你们没给我洗 _______。
    A 干净　　　B 干净了　　　C 很干净　　　D 得干净

04 他汉语 _______，不知道的人还以为他是地道的中国人呢。
    A 说真好　　　B 说很好了　　C 说好极了　　D 说得真好

05 参赛的歌手，哪个 _______？
    A 唱好　　　　　　　　　B 唱得好
    C 唱得好不好　　　　　　D 唱得好不唱得好

06 小林的小狗丢了，他急得 _______。
    A 吃不下饭　　B 不吃饭下　　C 吃饭不下　　D 不吃下饭

07 这件事以后怎么样了，快讲 _______。
    A 下来　　　B 起来　　　C 上来　　　D 下去

08 你们现在才出发的话，今天肯定 _______。
    A 不回来　　B 起回来　　C 回得下来　　D 回不来

09 下雪了，咱们快 ＿＿＿＿＿＿ 吧。
    A 进去教室   B 进教室去
    C 进来教室   D 进教室来

10 我刚学了两个月的汉语，请您说得 ＿＿＿＿＿＿ 点儿。
    A 快   B 慢   C 早   D 晚

11 你妹妹今年 ＿＿＿＿＿＿ ？
    A 考上大学了吗   B 考上大学没考
    C 考得上大学没有   D 考上没有大学

12 怪不得我好几天没见到他，原来他上星期六就 ＿＿＿＿＿＿ 。
    A 回国去了   B 回了国去
    C 回了国去了   D 回去国了

13 啊，我想 ＿＿＿＿＿＿ 了，他是我的小学同学。
    A 上来   B 起来   C 下去   D 来

14 你不要游 ＿＿＿＿＿＿ ，那儿水太深，危险！
    A 过去   B 过来   C 起来   D 下去

15 这篇课文你 ＿＿＿＿＿＿ ？
    A 念不念得熟   B 念得不念得熟
    C 念得熟不熟   D 念得熟不念得

16 半年之内，我 ＿＿＿＿＿＿ 毕业论文。

    A 写得完   B 写得完了   C 写完得了   D 写得了完

17 我可 ＿＿＿＿＿＿ 这部长篇小说。

    A 翻译不了   B 不了翻译   C 不翻译了   D 翻不了译

18 上个星期，我们去医院 ＿＿＿＿＿＿。

    A 看过两次他   B 看过他两次

    C 看他过两次   D 看两次过他

19 张大伟 ＿＿＿＿＿＿。

    A 毕了两年了   B 毕业两年了

    C 毕了两年业了   D 两年毕业了

20 请你给我们介绍 ＿＿＿＿＿＿ 去欧洲旅行的情况吧。

    A 一下儿   B 一次   C 一趟   D 一介绍

21 从他的口音里，我听得 ＿＿＿＿＿＿ 他是上海人。

    A 出来   B 起来   C 下来   D 过来

22 过了一个小时，他才慢慢地醒 ＿＿＿＿＿＿。

    A 上来   B 过来   C 起来   D 过去

23 请你把写错的字改 ＿＿＿＿＿＿。

    A 下来   B 出来   C 起来   D 过来

24 这本书写得太精彩了，我读了好几 ______。

   A 本　　　　　B 次　　　　　C 趟　　　　　D 遍

25 他 ______，大家都觉得收获很大。

   A 讲课得很清楚　　　　　B 讲课讲得很清楚

   C 讲得课很清楚　　　　　D 讲很清楚得课

26 昨天晚上他们 ______。

   A 喝酒了三个小时　　　　B 喝了三个小时酒

   C 三个小时喝酒　　　　　D 喝酒三个小时了

27 他要在北京 ______。

   A 到今年八月学习　　　　B 学习到今年八月

   C 今年八月学习到　　　　D 学习今年八月到

28 王力 ______，可他看起来更像弟弟。

   A 比他弟弟大三岁　　　　B 比他弟弟三岁大

   C 大比他弟弟三岁　　　　D 大三岁比他弟弟

29 妹妹 ______，是模特儿。

   A 比我八公分高　　　　　B 比我高八公分

   C 和我比八公分高　　　　D 八公分比我高

30 昨天 A 我 B 洗过 C 澡 D。
　　　　　　　两次

31 玛莉 A 写 B 作业 C 写了 D。
　　　　　两个半小时

32 他刚出去 A，你等 B 他 C，他马上就回来 D。
　　　　　一下儿

Week 4

중국어 문형, 알고 보면 한국어와 비슷하다

연 동 문

<table>
<tr><td>정의</td><td>하나의 주어에 두 개 이상의 서술어가 있는 문형을 연동문이라고 한다.</td></tr>
<tr><td>꼭 알아두어야 할 어법</td><td>

1. 연동문의 형식

주어 + 서술어1 + (목적어) + 서술어2 + (목적어)

2. 연동문의 특징

① 서술어1이 동작이나 행위의 방식을 나타낼 수 있다.

② 서술어2가 동작이나 행위의 목적을 나타낼 수 있다.

③ 서술어1이 나타내는 동작이나 행위가 시간상 먼저 이루어진다.

④ 서술어2가 나타내는 동작이나 행위는 시간상 나중에 이루어진다.

⑤ 서술어1이 방식을 나타내는 경우에는 두 동작이나 행위가 거의 동시에 일어난다.

</td></tr>
</table>

겸 어 문

<table>
<tr><td>정의</td><td>한 문장에 두 개의 서술어가 있는데, 서술어1의 목적어가 서술어2의 주어가 되는 문형이다. 이 때 서술어1의 목적어이면서 서술어2의 주어인 성분을 '겸어(兼语)'라고 하며 이러한 문형을 '겸어문'이라고 한다.</td></tr>
<tr><td>꼭 알아두어야 할 어법</td><td>

1. 겸어문의 형식

주어 + 서술어1 + 겸어 (서술어1의 목적어 겸 서술어2의 주어) + 서술어2

2. 겸어문의 특징

① 서술어1은 대부분 사역을 나타내는 동사 '请', '让', '叫', '使' 등이 쓰인다

② 두 번째 서술어를 행하는 사람은 주어가 아니라 겸어이다.

③ 부정문으로 만들 때는 보통 부정사 '不'나 '没'를 첫 번째 서술어 앞에 써야 한다.

④ '…하지 말아라'라는 의미를 나타낼 때는 두 번째 서술어 앞에 '不要'를 써도 된다.

</td></tr>
</table>

01

>>> **목적어가 하나 있을 때**

我 去 看 电影。

주어　서술어1　서술어2　목적어

나는 영화 보러 갈 거야.

● **법칙설명**

서술어1의 목적어만 있거나 서술어2의 목적어만 있을 때는 주로 '…하기 위해 …을 한다' 혹은 '…하러 …한다'라는 '목적'의 의미를 나타낸다. 이 때 서술어1이 나타내는 동작이나 행위가 시간상 먼저 이루어지는 것이고 서술어2가 나타내는 동작이나 행위는 나중에 이루어지는 것이다.

● **예문**

我去找金老师。
Wǒ qù zhǎo Jīn lǎoshī.
제가 김 선생님을 찾으러 갈게요.

妈妈每天去买菜。
Māma měitiān qù mǎi cài.
엄마는 매일 장보러 가신다.

你来我家玩儿吧!
Nǐ lái wǒ jiā wánr ba!
우리 집에 놀러와!

妈妈天天来看我。
Māma tiāntiān lái kàn wǒ.
엄마는 매일 나를 보러 오신다.

02

>>> **목적어가 두 개 있을 때**

我 去 电影院 看 电影。

주어　　서술어1　　목적어　　　서술어2　　목적어

나는 영화 보러 영화관에 갈 거야.

● **법칙설명**

서술어1과 서술어2의 목적어가 모두 있을 때는 법칙1과 마찬가지로 목적의 의미를 나타내거나, 또는 '…을 사용해(이용해) … 한다' 혹은 '…고 …한다'라는 수단 · 방법의 의미를 나타낸다.

● **예문**

妈妈每天去市场买菜。

Māma měitiān qù shìchǎng mǎi cài.

엄마는 매일 장보러 시장에 가신다.

老师有事找你。

Lǎoshī yǒu shì zhǎo nǐ.

선생님께서 볼일이 있어 널 찾으신다.

爸爸每天骑自行车上班。

Bàba měitiān qí zìxíngchē shàng bān.

아빠는 매일 자전거를 타고 출근하신다.

大学生们都用手机联系。

Dàxuéshēngmen dōu yòng shǒujī liánxì.

대학생들은 모두 핸드폰으로 연락한다.

법칙 01 >>> 서술어2의 목적어가 없을 때

我　请　朋友　来。

주어　서술어1　겸어　서술어2

제가 친구를 오라고 초청했어요.

● **법칙설명**

겸어인 '朋友'는 서술어1인 '请'의 목적어이면서 서술어2인 '来'의 주어이다. 겸어문에서 서술어1은 대부분 사역을 나타내는 동사 '请', '让', '叫', '使' 등이 쓰인다.

● **예문**

他不让我去。– 겸어

Tā bú ràng wǒ qù.

그가 나를 가지 못하게 했다.

他的话使我很感动。– 겸어

Tā de huà shǐ wǒ hěn gǎndòng.

그의 말은 나를 감동시켰다.

我叫你走，你怎么还不走？– 겸어

Wǒ jiào nǐ zǒu, nǐ zěnme hái bù zǒu?

내가 가라고 했는데, 왜 아직 안 가고 있니?

外面有人在哭。– 겸어

Wàimian yǒu rén zài kū.

밖에서 누군가가 울고 있다.

법 칙 **02**

>>> 서술어2의 목적어가 있을 때

我 让 他 回 家。

주어　서술어1　겸어　서술어2　목적어

내가 그에게 집에 가라고 했다.

법칙설명

겸어문에서 두 번째 서술어를 행하는 사람은 주어가 아니라 겸어이다.
위에서 '回家'라는 행위를 하는 사람은 '我'가 아니라, '他'이다.

예문

医生叫我吃药。
Yīshēng jiào wǒ chī yào.
의사가 나에게 약을 먹으라고 했다.

我劝他不要抽烟。
Wǒ quàn tā bú yào chōuyān.
나는 그에게 담배를 피우지 말라고 충고했다.

太太不让我喝酒。
Tàitai bú ràng wǒ hē jiǔ.
집사람은 나에게 술을 마시지 못하게 했다.

我们选他当班长。
Wǒmen xuǎn tā dāng bānzhǎng.
우리는 그를 반장으로 뽑았다.

01　　다음을 중국어로 어떻게 표현할까요?

① 의사가 나에게 담배를 피우지 말라고 했다.

医生叫我不抽烟。（ × ）
医生不叫我抽烟。（ ○ ）
医生叫我不要抽烟。（ ○ ）

② 엄마가 나에게 텔레비전을 보지 말라고 했다.

妈妈叫我不看电视。（ × ）
妈妈不叫我看电视。（ ○ ）
妈妈叫我不要看电视。（ ○ ）

| Tip | 겸어문을 부정문으로 만들 때는 부정사를 첫 번째 서술어 앞에 써야 한다. '…하지 말아라'라는 의미를 나타낼 때는 두 번째 서술어 앞에 '**不要**'를 써도 된다. 그러나 두 번째 서술어 앞에 부정사 '**不**'를 쓰면 틀린 문장이 되므로 유의해야 한다.

02　　다음을 중국어로 어떻게 표현할까요?

① 나는 밥 먹을 시간이 없어요.

吃饭的时间没有。（ × ）
没有时间吃饭。（ ○ ）
没有吃饭的时间。（ ○ ）

② 난 할 말이 있어요.

我要说的话有。（ × ）
我有话要说。（ ○ ）
我有要说的话。（ ○ ）

| Tip | '…할 …이 있다' 혹은 '…할 …이 없다'라는 말은 '**有**'나 '**没有**'를 써서 연동문으로 표현하면 가장 자연스럽다. 한국어와 동일한 어순으로 생각하고 '**吃饭的时间**'이나 '**我说的话**'를 주어 위치에 쓰면 틀린 문장이 된다.

01 孩子**听**完故事**大笑**起来。– 연동문
Háizi tīng wán gùshi dàxiào qǐlai.
아이들은 이야기를 듣고 나서 박장대소했다.

02 他没**有**时间**休息**。– 연동문
Tā méiyǒu shíjiān xiūxi.
그는 쉴 시간이 없습니다.

03 他们俩**用**眼神**交流**。– 연동문
Tāmen liǎ yòng yǎnshén jiāoliú.
그들 둘은 눈빛으로 대화를 한다.

04 我明天**坐**飞机**去**北京。– 연동문
Wǒ míngtiān zuò fēijī qù Běijīng.
나는 내일 비행기로 베이징에 간다.

05 暑假我一定**来看**你。– 연동문
Shǔjià wǒ yídìng lái kàn nǐ.
여름방학 때 꼭 널 보러 올게.

06 他**出**门**摔**了一跤。– 연동문
Tā chū mén shuāi le yì jiāo.
그는 문밖을 나섰다가 넘어졌다.

07 我有几个问题要**问**你。– 연동문
Wǒ yǒu jǐ ge wèntí yào wèn nǐ.
저는 당신에게 몇 가지 질문사항이 있습니다.

08 **导演让那个演员哭，他马上就哭出来了。** – 겸어문
Dǎoyǎn ràng nà ge yǎnyuán kū, tā mǎshàng jiù kū chūlai le.
감독이 그 배우에게 울라고 하자, 그 배우는 금방 울음을 터뜨렸다.

09 **警卫不准我们进去。** – 겸어문
Jǐngwèi bù zhǔn wǒmen jìnqu.
경비원은 우리를 들어가지 못하게 한다.

10 **我收他作徒弟。** – 겸어문
Wǒ shōu tā zuò túdì.
나는 그를 제자로 삼았다.

11 **爷爷给他起名叫林森。** – 겸어문
Yéye gěi tā qǐ míng jiào Lín Sēn.
할아버지는 그에게 '린썬'이라고 이름 지어주셨다.

12 **我们选择这本书作教材。** – 겸어문
Wǒmen xuǎnzé zhè běn shū zuò jiàocái.
우리는 이 책을 교재로 선택했다.

13 **古代有个诗人叫李白。** – 겸어문
Gǔdài yǒu ge shīrén jiào Lǐ Bái.
고대에 이백이라고 하는 시인이 있었다.

14 **部长派小王去中国出差。** – 겸어문
Bùzhǎng pài Xiǎo Wáng qù Zhōngguó chūchāi.
부장님은 샤오 왕을 중국으로 출장보냈다.

把 자 문

정의 전치사 '**把**'자가 목적어를 서술어 앞으로 이끌어냄으로써 목적어인 대상물을 어떻게 처치하였는 지를 나타내는 문형이다.

꼭 알아두어야 할 점

1. '把'자문을 쓰는 이유

단순한 서술이 아니라, 행위자의 동작으로 인하여 사람이나 사물을 처리한 결과를 강조하고자 할 때 '**把**'자문을 쓴다.

2. '把'자문을 만드는 방법

주어 + 서술어 + 목적어

⇒ 주어 + **把** + 목적어 + 서술어 + 기타성분

'**把**'를 써서 목적어를 서술어 앞으로 끌어낸 후 서술어 뒤에 기타 성분을 쓴다.

3. '把'자문의 조건

① '**把**'를 써서 목적어를 서술어 앞으로 이끌어낸다.

② 서술어 뒤에는 동태조사, 보어, 간접목적어 등이 동반되거나 서술어를 반복해야 한다. 서술어 하나만으로는 '**把**'자문이 성립되지 않는다.

4. '把'자문에 쓸 수 없는 동사들

① 심리활동을 나타내는 '**知道**', '**觉得**', '**同意**', '**希望**' 등

② 판단, 상태를 나타내는 '**是**', '**有**', '**像**', '**在**' 등

③ 방향을 나타내는 '**上**', '**下**', '**进**', '**出**', '**回**', '**过**' 등

④ 인지를 나타내는 '**看见**', '**听见**' 등

我 把 钱包 丢 了。

주어 　　把　　 목적어 　　서술어 동태조사

나는 지갑을 잃어버렸다.

● **법칙설명**

서술어가 단독으로 쓰여 '把'자문을 구성할 수 없으므로 서술어 뒤에
동태조사인 '了'나 '着'를 쓰는 경우가 있다.

● **예문**

你把雨伞带着 ， 今天会下雨。
Nǐ bǎ yǔsǎn dàizhe, jīntiān huì xiàyǔ.
오늘 비가 올 것 같으니 우산을 가지고 가라.

小王把冬天的衣服洗了。
Xiǎo Wáng bǎ dōngtiān de yīfu xǐ le.
샤오 왕은 겨울옷들을 세탁했다.

你把行李拿着 ， 我去办手续。
Nǐ bǎ xíngli názhe, wǒ qù bàn shǒuxù.
내가 수속을 하러 갈 테니 네가 짐을 들고 있어라.

他把犯人放了。
Tā bǎ fànrén fàng le.
그는 범인을 풀어주었다.

我　把　今天的作业　做　完　了。
주어　把　목적어　서술어　보어

나는 오늘 숙제를 다 했다.

● **법칙설명**

정도보어, 결과보어, 방향보어 등이 있을 때, 이 보어들은 서술어 뒤에
놓인다. 단 가능보어만은 쓸 수 없다.

● **예문**

我把他送进医院去了。 – 방향보어
Wǒ bǎ tā sòngjìn yīyuàn qu le.
나는 그를 병원에 데려다 주었다.

你快把门关好。 – 결과보어
Nǐ kuài bǎ mén guān hǎo.
빨리 문을 잘 닫아라.

我们把这个问题讨论一下吧。 – 동량보어
Wǒmen bǎ zhè ge wèntí tǎolùn yíxià ba.
우리 이 문제를 가지고 토론 좀 해봅시다.

他把办公室打扫得干干净净。 – 정도보어
Tā bǎ bàngōngshì dǎsǎo de gānganjìngjìng
그는 사무실을 아주 말끔하게 청소했다.

他 把 自己的汽车 借给 朋友 了。

주어　把　　목적어　　서술어　간접목적어

그는 자기 차를 친구에게 빌려주었다.

● **법칙설명**

직접목적어는 '把' 뒤에 놓이고 간접목적어는 서술어 뒤에 놓인다.

● **예문**

请你把这件行李交给王先生。

Qǐng nǐ bǎ zhè jiàn xíngli jiāo gěi Wáng xiānsheng.

이 짐을 왕 선생에게 전해 주세요.

妈妈把冬天的衣服都寄给我了。

Māma bǎ dōngtiān de yīfu dōu jì gěi wǒ le.

엄마는 나에게 겨울옷들을 모두 부쳐주셨다.

请你把那杯咖啡拿给我，好吗?

Qǐng nǐ bǎ nà bēi kāfēi ná gěi wǒ, hǎo ma?

그 커피 제게 좀 건네주시겠어요?

我把这个消息告诉太太了。

Wǒ bǎ zhè ge xiāoxi gàosu tàitai le.

나는 이 소식을 아내에게 알려주었다.

你　把　房间　打扫打扫。

주어　　把　　목적어　　서술어(동사중첩)

방 좀 청소해라.

법칙설명

중첩된 동사는 명령이나 권유를 나타내거나 동작이 짧은 시간 동안에 이루어져 '…을 좀 하다', '…을 해보다'라는 의미를 나타낸다. 중첩되는 동사 사이에 '一'나 '了'를 쓰기도 한다.

예문

请你把北京的情况介绍介绍。
Qǐng nǐ bǎ Běijīng de qíngkuàng jièshào jièshào.
베이징의 상황을 소개 좀 해주세요.

你把你的意见说一说。
Nǐ bǎ nǐ de yìjiàn shuō yi shuō.
당신의 의견을 말씀해보세요.

他把我做的菜尝了尝说：“不错。”
Tā bǎ wǒ zuò de cài cháng le cháng shuō : "Bú cuò."
그는 내가 만든 음식을 먹어보고는 '괜찮은 걸'하고 말했다.

你把这件事的经过讲一讲。
Nǐ bǎ zhè jiàn shì de jīngguò jiǎng yi jiǎng.
이 일의 자초지종을 이야기 좀 하세요.

我 没 把 今天的工作 做 完。

주어　부정사　把　　목적어　　서술어　보어

나는 오늘 할 일을 다 하지 못했다.

● **법칙설명**

'把'자문을 부정문으로 만들 때 부정사인 '不', '没(有)', '别' 등은 모두 서술어 앞에 쓰지 않고 '把' 앞에 써야 한다.

● **예문**

我今天没把雨伞带来。
Wǒ jīntiān méi bǎ yǔsǎn dàilai.
난 오늘 우산을 가져오지 않았어.

他没把你的自行车弄坏。
Tā méi bǎ nǐ de zìxíngchē nònghuài.
그는 네 자전거를 망가뜨리지 않았어.

你别把袜子扔在床上。
Nǐ bié bǎ wàzi rēng zài chuángshang.
양말을 침대 위에 던져 놓지 말아라.

我今天不把这个问题找出来，就不回家。
Wǒ jīntiān bù bǎ zhè ge wèntí zhǎo chūlai, jiù bù huíjiā.
나는 오늘 이 문제점을 찾아내지 못하면 집에 가지 않을 거야.

我　要　把　英语　学　好。
주어　능원동사 / 부사　把　　목적어　서술어　기타성분

나는 영어를 마스터할 것이다.

● **법칙설명**

'把'자문에서 능원동사인 '想', '要', '可以', '能', '会' 등이나 부사인
'已经', '只' 등은 모두 서술어 앞에 쓰지 않고 '把' 앞에 써야 한다.

● **예문**

我想把这张画儿挂在墙上。
Wǒ xiǎng bǎ zhè zhāng huàr guà zài qiángshang.
나는 이 그림을 벽에 걸어두고 싶어.

你快把电视机关掉。
Nǐ kuài bǎ diànshìjī guāndiào.
빨리 텔레비전을 꺼라.

他已经把冰箱修好了。
Tā yǐjīng bǎ bīngxiāng xiū hǎo le.
그는 이미 냉장고를 다 고쳐 놓았다.

这儿太热了，我可以把窗户打开吗?
Zhèr tài rè le, wǒ kěyǐ bǎ chuānghu dǎkāi ma?
여기는 너무 더워요, 창문을 열어놓아도 될까요?

他 把 酒 都 喝 光了。
주어　把　목적어　부사　서술어　기타성분

그는 술을 다 마셔 버렸다.

법칙설명
'把'자문에 총괄의 의미를 나타내는 부사인 '都'나 '全' 등이 있으면 이 부사들은 서술어 앞에 써야 한다.

예문

他已经把钱都花完了。
Tā yǐjīng bǎ qián dōu huā wán le.
그는 이미 돈을 다 써버렸다.

他把一碗饺子全吃了。
Tā bǎ yì wǎn jiǎozi quán chī le.
그는 물만두 한 접시를 다 먹어치웠다.

我把事情都安排好了。
Wǒ bǎ shìqing dōu ānpái hǎo le.
나는 일들을 다 처리해 놓았다.

我把知道的都告诉你了 ， 别再问我了。
Wǒ bǎ zhīdao de dōu gàosu nǐ le, bié zài wèn wǒ le.
내가 알고 있는 것은 모두 네게 알려 주었으니 더 이상 나에게 묻지 마.

01 다음을 중국어로 어떻게 표현할까요?

① 불을 끄세요.

请把灯关。（ × ）

请把灯关掉。（ ○ ）

② 우리들은 이 문제를 연구해야 한다.

我们要把这个问题研究。 （ × ）

我们要把这个问题研究一下。（ ○ ）

我们要把这个问题研究研究。（ ○ ）

|Tip| '把'자문을 쓰려면 몇 가지 조건을 갖추어야 하는데 그 중 하나가 바로 서술어가 홀로 쓰일 수 없다는 것이다. 즉 동사인 '关'이나 '研究'만으로는 '把'자문이 성립될 수가 없다. 그러므로 예문 ①과 같이 결과보어인 '掉'를 써야 한다. 또 예문 ②와 같이 동량보어인 '一下'를 쓰거나 동사를 반복해도 된다. 만약 '把'자문을 쓰지 않을 경우 '请关灯', '我们要研究这个问题。'와 같이 쓸 수도 있다.

02 다음을 중국어로 어떻게 표현할까요?

① 이 일을 다른 사람에게 알리지 말라.

你把这件事别告诉别人。(×)

你别把这件事告诉别人。(○)

② 나는 사진기를 가져오지 않았어.

我把照相机没带来。(×)

我没把照相机带来。(○)

|Tip| '把'자문에서 부정사인 '没', '不', '别' 등은 '把' 앞에 써야지, 술어 앞에 쓰면 틀린 문장이 된다.

03　다음을 중국어로 어떻게 표현할까요?

① 나는 이미 이 일을 알고 있었다.

我把这件事已经知道了。(×)

我已经知道了这件事。（ ○ ）

② 나는 엄마가 보고싶다.

我很把妈妈想。(×)

我很想妈妈。（ ○ ）

③ 모두들 우리를 환영해 주었다.

大家把我们欢迎。(×)

大家欢迎我们。（ ○ ）

|Tip| 위의 '知道', '想', '欢迎' 등은 '把'자문에 쓸 수 없는 동사들이 있다. 심리 활동을 나타내는 '知道', '觉得', '同意', '希望' 등이나 판단, 상태를 나타 내는 '是', '有', '像', '在' 등은 '把'자문을 구성할 수 없다. 또 방향을 나 타내는 '上', '下', '进', '出', '回', '过' 등도 '把'자문에 쓸 수 없는 동사 들이다.

'把'를 쓰는 문장과 쓰지 않는 문장 차이점

'把'자를 쓰지 않는 문장은 일반서술문이다. 그러나 '把'를 쓰면 행위자에 의해 어 떤 사람이나 사물이 어떻게 처리되어 그 결과가 어떠하다라는 의미도 함께 나타 낸다.

① 他吃了三个桔子。그는 귤을 세 개 먹었다.

② 他把那三个桔子吃了。그가 귤 세 개를 먹어 버렸다.

예문 ①과 ②에서의 三个桔子는 똑같은 세 개가 아니다. 즉 ②의 경우, '내가 먹 으려던' 혹은 '내가 다른 사람에게 주려던' 그런 '특별한 귤'을 그가 먹어버렸다 는 의미를 나타내는 문장이다.

01
我把钥匙丢了。 – 동태조사
Wǒ bǎ yàoshi diū le.
나는 열쇠를 잃어버렸다.

02
你把碗放着，我来洗。 – 동태조사
Nǐ bǎ wǎn fàngzhe, wǒ lái xǐ.
그릇들을 그냥 놔 둬, 내가 씻을게.

03
我把你的照相机带来了。 – 방향보어
Wǒ bǎ nǐ de zhàoxiàngjī dàilai le.
내가 네 사진기를 내가 갖고 왔어.

04
你把大门锁上了吗? – 결과보어
Nǐ bǎ dàmén suǒ shàng le ma?
대문을 잠궜니?

05
你把这句话翻译成中文。 – 결과보어
Nǐ bǎ zhè jù huà fānyì chéng Zhōngwén.
이 문장을 중국어로 번역하세요.

06
他们把那张桌子搬出去了。 – 방향보어
Tāmen bǎ nà zhāng zhuōzi bān chūqu le.
그들은 그 책상을 들어내갔다.

07
他把手机放在上衣口袋里了。 – 결과보어
Tā bǎ shǒujī fàng zài shàngyī kǒudàili le.
그는 휴대폰을 상의 주머니 속에 넣어 두었다.

08 **小林把皮鞋擦得很亮。** – 정도보어

Xiǎo Lín bǎ píxié cā de hěn liàng.

샤오 린은 구두를 윤기나게 닦았다.

09 **你再把这首歌唱一遍。** – 동량보어

Nǐ zài bǎ zhè shǒu gē chàng yí biàn.

이 노래 다시 한 번 불러봐라.

10 **请你把胡椒粉递给我。** – 간접목적어

Qǐng nǐ bǎ hújiāofěn dì gěi wǒ.

후추가루를 좀 건네주세요.

11 **把你旅行要带的东西准备准备。** – 동사중첩

Bǎ nǐ lǚxíng yào dài de dōngxi zhǔnbèi zhǔnbèi.

여행에 갖고 갈 물건들을 좀 챙겨라.

12 **你快把青菜炒一炒吧！** – 동사중첩

Nǐ kuài bǎ qīngcài chǎo yi chǎo ba!

빨리 그 야채를 살짝 볶아라.

13 **我还没把那本小说全看完呢。** – 부정사

Wǒ hái méi bǎ nà běn xiǎoshuō quán kànwán ne.

나는 아직 그 소설책을 다 못 봤어.

14 **你应该把心里话说出来。** – 능원동사

Nǐ yīnggāi bǎ xīnli huà shuō chūlai.

네가 속마음을 다 털어놓아야 해.

피동문

<table>
<tr><td>정의</td><td>피동의 의미를 나타내는 문형을 피동문이라 한다.</td></tr>
</table>

꼭 알아두어야 할 점

1. **'被'자문을 쓰는 이유**

   단순한 서술이 아니라, 행위자에 의해 사람이나 사물이 피해나 손해 등 어떤 일을 당했다는 의미를 강조할 때 쓰인다.

2. **피동문의 조건**

   ① 주어 위치에는 어떤 이익을 보았거나 손해를 당한 사람이나 사물을 쓴다.

   ② 피동사인 '被', '让', '叫', '给' 뒤에는 행위나 동작을 직접 행한 주체를 쓴다.

   (被나 给 뒤에는 생략하기도 한다.)

   ③ 서술어 뒤에는 동태조사나 보어 등 기타성분을 써야 한다. 서술어를 단독으로 쓰면 피동문이 성립되지 않는다.

3. **수식어의 위치**

   ① 부정을 나타내는 '不'나 '没(有)'는 서술어 앞에 쓰지 않고 피동사 앞에 쓴다.

   ② 부사인 '已经'이나 '刚' 등은 서술어 앞에 쓰지 않고 피동사 앞에 쓴다.

   ③ 능원동사인 '会'나 '能' 등은 서술어 앞에 쓰지 않고 피동사 앞에 쓴다.

我的钱包　被　小偷　偷　走了。
주어(대상)　　피동사　　주체　　서술어　　기타성분

내 지갑은 도둑이 훔쳐갔다.

● **법칙설명**

피동문에 쓰이는 피동사로는 '被', '叫', '让', '给' 등이 있다. 피동문도 '把'자문과 마찬가지로 서술어는 단독으로 쓰이지 않고 뒤에 동태조사나 결과보어 등 기타 성분들을 동반해야 한다.

● **예문**

我的圆珠笔叫弟弟用坏了。 – 주체
Wǒ de yuánzhūbǐ jiào dìdi yòng huài le.
나의 볼펜은 남동생이 써서 고장냈다.

小赵被同学打了一顿。 – 주체
Xiǎo Zhào bèi tóngxué dǎ le yí dùn.
샤오 쟈오는 학우들에게 구타를 당했다.

那本杂志让小张借走了。 – 주체
Nà běn zázhì ràng Xiǎo Zhāng jiè zǒu le.
그 잡지는 샤오 장이 빌려갔다.

那台电脑给别人弄坏了。 – 주체
Nà tái diànnǎo gěi biérén nòng huài le.
그 컴퓨터는 다른 사람이 망가뜨렸다.

我的钱包　被　偷　走了。

주어(대상)　　　被 / 给　서술어　기타성분

내 지갑은 (누군가가) 훔쳐갔다.

법칙설명

피동의 주체를 밝힐 필요가 없거나, 몰라서 밝힐 수 없을 때는 생략하기도 한다. 단, 이때 피동사는 '被'나 '给'만이 가능하다. 그러므로 '让'이나 '叫' 뒤에는 반드시 피동의 주체가 있어야 한다.

예문

我的汽车被开走了。

Wǒ de qìchē bèi kāi zǒu le.

내 자가용은 (누가) 몰고 갔다.

小赵被打了一顿。

Xiǎo Zhào bèi dǎ le yí dùn.

샤오 쟈오는 구타를 당했다.

那本杂志给借走了。

Nà běn zázhì gěi jiè zǒu le.

그 잡지는 (누가) 빌려갔다.

那台电脑给弄坏了。

Nà tái diànnǎo gěi nòng huài le.

그 컴퓨터는 (누가) 고장을 냈다.

我的钱包 被 小偷 给 偷 走了。

주어　　피동사　　주체　　给　서술어　기타성분

내 지갑은 도둑에게 도둑맞았다.

● **법칙설명**

피동의 의미를 강조할 때는 서술어 앞에 '给'를 쓴다.

● **예문**

我的圆珠笔叫弟弟给用坏了。
Wǒ de yuánzhūbǐ jiào dìdi gěi yòng huài le.
나의 볼펜은 동생이 고장냈다.

小赵被同学给打了一顿。
Xiǎo Zhào bèi tóngxué gěi dǎ le yí dùn.
샤오 쟈오는 학우들에게 구타 당했다.

那个花瓶让孩子给打碎了。
Nà ge huāpíng ràng háizi gěi dǎ suì le.
그 꽃병은 아이가 깨뜨렸다.

那台电脑被别人给弄坏了。
Nà tái diànnǎo bèi biérén gěi nòng huài le.
그 컴퓨터는 어떤 사람이 고장냈다.

我的钱包　没　被　小偷　偷　走。

주어(대상)　　부정사　피동사　주체　서술어　기타성분

내 지갑은 도둑맞지 않았다./도둑 안 맞았다.

법칙설명

피동문을 부정문으로 만들 때 부정사인 '不', '没(有)', '别' 등은 모두 서술어 앞에 쓰지 않고 피동사인 '被', '叫', '让', '给' 등의 앞에 써야 한다.

예문

我的自行车没被偷走。
Wǒ de zìxíngchē méi bèi tōu zǒu.
내 자전거는 도둑맞지 않았다.

不要让他看见。
Bú yào ràng tā kànjian.
그에게 보이지 않도록 해라.

小心，别叫人骗了。
Xiǎoxīn, bié jiào rén piàn le.
조심해, 사기 당하지 않게 말이야.

你不给妈妈打一顿，就不会听话，是不是?
Nǐ bù gěi māma dǎ yí dùn, jiù bú huì tīng huà, shì bu shì?
엄마에게 매를 맞지 않고서는 말을 안 들을 거지, 그렇지?

桌子上的纸 都 给 风 吹 走了。

주어　　　　부사　피동사　주체　서술어　기타성분

탁자 위의 종이는 모두 바람에 날려갔다.

● **법칙설명**

피동문에 능원동사인 '想', '要', '可以', '能', '会' 등이나, 부사인 '已经', '都' 등은 모두 서술어 앞에 쓰지 않고 피동사인 '被', '叫', '让', '给' 앞에 바로 쓴다.

● **예문**

那本书刚被小林借走。

Nà běn shū gāng bèi Xiǎo Lín jiè zǒu.

그 책은 방금 전에 샤오 린이 빌려갔다.

我快让你气死了。

Wǒ kuài ràng nǐ qì sǐ le.

나는 너 때문에 화가 나 죽겠어.

你怎么会被他骗了?

Nǐ zěnme huì bèi tā piàn le?

네가 어떻게 그에게 사기를 당할 수 있었니?

小林已经被派去上海了。

Xiǎo Lín yǐjīng bèi pài qù Shànghǎi le.

샤오 린은 이미 상하이로 파견되었다.

01 다음을 중국어로 어떻게 표현할까요?

① 내 가방을 누가 가져갔다.

我的书包叫拿走了。（ ✕ ）

我的书包叫人拿走了。（ ○ ）

② 내 자전거를 누가 타고 갔다.

我的自行车让骑走了。（ ✕ ）

我的自行车让人骑走了。（ ○ ）

|Tip| 피동사인 '让'이나 '叫' 뒤에는 반드시 주체를 밝혀야 한다. 누구인지 모를 경우에는 '人'을 쓰면 된다. 주체를 밝힐 수 없거나, 밝히기 어려울 때는 피동사 '被'나 '给'를 써야 한다. '被'나 '给'를 쓰면 그 뒤에 주체는 쓰지 않아도 된다.

02 다음을 중국어로 어떻게 표현할까요?

① 내 녹음기는 남동생이 망가뜨리지 않았다.

我的录音机没被弟弟弄坏了。（ ✕ ）

我的录音机没被弟弟弄坏。（ ○ ）

② 그 컵은 아이가 깨뜨리지 않았다.

那个杯子被孩子没打碎。（ ✕ ）

那个杯子没被孩子打碎。（ ○ ）

|Tip| 피동사 앞에 부정사인 '没'가 있으면 문장 끝에 '了'를 쓰지 말아야 한다. 또 피동문에서 부정사인 '没'는 서술어 앞에 쓰지 않고 피동사 앞에 써야 한다.

'被'와 '让', '叫'의 차이점

'被'는 오직 피동만을 나타내지만, '让'과 '叫'는 피동뿐만 아니라 사역을 나타내기도 한다.

① **我的戒指被孩子弄丢了**。 내 반지를 아이가 잃어버렸다. (피동)

② **我让哥哥打了**。／ **我叫哥哥打了**。 나는 형에게 맞았다. (피동)

③ **我让哥哥打他**。／ **我叫哥哥打他**。 나는 형에게 그를 때리라고 했다. (사역)

특수한 의미의 방향보어

过来 guòlai
(1) 건너오다, 오다
　　走过来(걸어서 다가오다) **拿过来**(가져오다)
(2) 비정상적인 상태에서 정상적인 상태로 되돌아온다는 의미
　　醒过来(깨어나다) **恢复过来**(회복되다)

过去 guòqu
(1) 건너가다, 가다
　　走过去(걸어서 건너가다) **飞过去**(날아가다)
(2) 정상적인 상태에서 비정상적인 상태로 변화한다는 의미
　　昏过去(정신을 잃다) **晕过去**(정신을 잃다)

下去 xiàqu
(1) 내려가다
　　跳下去(뛰어 내려가다) **走下去**(걸어 내려가다)
(2) 동작이나 상태가 앞으로 계속 진행해나간다는 의미
　　说下去(앞으로 계속 말하다) **做下去**(앞으로 계속 해나가다)

下来 xiàlai
(1) 내려오다
　　跑下来(뛰어 내려오다) **走下来**(걸어 내려오다)
(2) 동작의 완성 또는 결과로 고정된다는 의미
　　记下来(적어놓다) **留下来**(남겨놓다)
(3) 상태가 약한 쪽으로 변화하는 의미
　　安静下来(조용해지다) **黑下来**(어두워지다)

出来 chūlai
(1) 나오다
　　搬出来(운반해 나가다)　**想出来**(생각나다)
(2) 발견, 식별해낸다는 의미
　　看出来(보고 알아채다) **听出来**(듣고 알아채다)

起来 qǐlai
(1) 낮은 곳에서 높은 곳으로 간다는 의미
　　站起来(일어서다) **拿起来**(위로 들다)
(2) 시작한다는 의미
　　胖起来(살이 찌기 시작하다) **哭起来**(울기 시작하다)
(3) '～하기에'라는 의미(판단, 평가를 표시)
　　看起来(보기에) **用起来**(사용하기에)
(4) 분산되거나 개방된 상태에서 집중되거나 둘러싼 상태로 간다는 의미
　　包起来(싸다) **围起来**(둘러싸다)

01 那个病人被送进了医院。– 주체 생략
Nà ge bìngrén bèi sòngjìn le yīyuàn.
그 환자는 병원으로 옮겨졌다.

02 我的雨伞被妹妹拿走了。
Wǒ de yǔsǎn bèi mèimei ná zǒu le.
나의 우산은 여동생이 가져갔다.

03 我的钥匙让小林拿走了。
Wǒ de yàoshi ràng Xiǎo Lín ná zǒu le.
내 열쇠는 샤오 린이 가져갔다.

04 那个孩子被救活了。– 주체 생략
Nà ge háizi bèi jiùhuó le.
그 아이는 구조되었다.

05 他给踢了一下。– 주체 생략
Tā gěi tī le yíxià.
그는 한 번 채였다.

06 我的鞋子叫你给穿大了。– 피동 강조
Wǒ de xiézi jiào nǐ gěi chuān dà le.
내 신발은 네가 신어서 커졌다.

07 这件衣服让洗衣店给洗坏了。– 피동 강조
Zhè jiàn yīfu ràng xǐyīdiàn gěi xǐ huài le.
이 옷은 세탁소에서 (잘못 세탁해서) 망가뜨렸다.

08   **快进屋来 ， 别让蚊子咬了。** – 부정사 '别'의 위치
Kuài jìn wū lai, bié ràng wénzi yǎo le.
빨리 방으로 들어와라, 모기에 물리지 않게.

09   **他还没被炒鱿鱼。** – 부정사 没의 위치
Tā hái méi bèi chǎo yóuyú.
그는 아직 해고당하지 않았어요.

10   **那些小鸡好像没有被吓着。** – 부정사 没의 위치
Nà xiē xiǎojī hǎoxiàng méiyǒu bèi xiàzháo.
그 병아리들은 놀라지 않은 것 같다.

11   **小声事你 ， 会让人听见的。** – 능원동사의 위치
Xiǎo shēng diǎnr, huì ràng rén tīngjian de.
조용히 해, 사람들이 듣겠다.

12   **小林已经被大家选为班长了。** – 부사의 위치
Xiǎo Lín yǐjīng bèi dàjiā xuǎn wéi bānzhǎng le.
샤오 린은 이미 반장으로 뽑혔다.

13   **我昨天买的草莓全叫弟弟吃光了。** – 부사의 위치
Wǒ zuótiān mǎi de cǎoméi quán jiào dìdi chī guāng le.
어제 산 딸기는 동생이 다 먹어버렸다.

14   **他的演技一定会被大家认可的。** – 부사와 능원동사
　　　　　　　　　　　　　　　　　　　 의 위치
Tā de yǎnjì yídìng huì bèi dàjiā rènkě de.
그의 연기는 틀림없이 사람들의 인정을 받을 거야.

존현문

<table>
<tr><td>정의</td><td>사람이나 사물의 존재나 출현 혹은 소실을 나타내는 문장을 존현문이라 한다.</td></tr>
</table>

꼭 알아두어야 할 점

1. 존현문의 종류

① 존재를 나타내는 경우

　주어(장소) + 서술어 + 목적어(존재하는 사람/사물)

② 출현을 나타내는 경우

　주어(장소) + 서술어 + 목적어(출현하는 사람/사물)

③ 소실을 나타내는 경우

　주어(장소) + 서술어 + 목적어(없어지는 사람/사물)

2. 존현문의 특징

① 장소나 시간을 가리키는 말이 직접 주어로 쓰이기 때문에 그 앞에 '在'나 '从'을 쓰지 않는다.

② 목적어 위치에 놓이는 것은 '一个人'이나 '两本杂志'와 같은 불특정한 사람이나 사물들이다.

③ 서술어 뒤에는 일반적으로 동태조사인 '着'나 '了'가 많이 쓰인다.

桌子上　放着　一个花瓶。

주어(장소)　　서술어　목적어(존재하는 사람 / 사물)

탁자 위에 꽃병이 하나 놓여 있다.

법칙설명

존현문에서 존재를 나타낼 때 주어는 주로 장소를 가리키고 목적어는 존재하는 사람이나 사물을 가리킨다. 이 때 동사서술어 뒤에는 동태조사 '着'를 쓰는 경우가 많다. 존현문에서는 장소를 가리키는 말은 주어로 쓰일 수 있으므로 그 앞에 '在'를 쓰지 않는다.

예문

床上躺着一个人。
Chuángshang tǎngzhe yí ge rén.
침대 위에 사람이 누워 있다.

椅子上坐着一位老爷爷。
Yǐzi shang zuòzhe yí wèi lǎo yéye.
의자에 할아버지 한 분이 앉아 계신다.

墙上写着几个字。
Qiángshang xiězhe jǐ ge zì.
벽에 몇 글자 적혀 있다.

沙发上摆着几个靠垫。
Shāfāshang bǎizhe jǐ ge kàodiàn.
소파 위에 쿠션이 몇 개 놓여 있다.

前面　跑来了　一个小孩儿。

주어(장소)　　　　서술어　　　목적어(출현하는 사람 / 사물)

앞에서 한 아이가 뛰어왔다.

법칙설명

존현문에서 출현을 나타낼 때 주어는 주로 장소를 가리키고 목적어는 출현하는 사람이나 사물을 가리킨다. 이때 동사서술어 뒤에는 동태조사 '了'를 쓰는 경우가 많다.

예문

我们公司里来了一个新职员。
Wǒmen gōngsīli lái le yí ge xīn zhíyuán.
우리 회사에 신입사원이 한 명 들어왔다.

我家对面搬来了一户人家。
Wǒ jiā duìmiàn bānlai le yí hù rénjia.
우리 집 맞은편에 한 가구가 이사왔다.

前边开过来一辆汽车。
Qiánbiān kāi guòlai yí liàng qìchē.
앞에서 자동차 한 대가 오고 있다.

我家来了很多客人。
Wǒ jiā lái le hěn duō kèrén.
우리 집에 손님들이 많이 오셨다.

他家　死了　一条狗。

주어(장소)　　　서술어　목적어(없어지는 사람 / 사물)

그의 집에 개가 죽었다.

법칙설명

존현문에서 소실을 나타낼 때 주어는 주로 장소를 가리키고 목적어는 없어지는 사람이나 사물을 가리킨다. 이때 동사서술어 뒤에는 동태조사 '了'를 쓰는 경우가 많다.

예문

我们公寓里搬走了一户人家。
Wǒmen gōngyùli bān zǒu le yí hù rénjia.
우리 아파트에는 한 집이 이사 갔다.

村里死了很多鸡。
Cūnli sǐ le hěn duō jī.
마을에 많은 닭들이 죽었다.

监狱里逃走了一个犯人。
Jiānyùli táo zǒu le yí ge fànrén.
감옥에서 범인 한 명이 도망쳤다.

我们公司里走了两个职员。
Wǒmen gōngsīli zǒu le liǎng ge zhíyuán.
우리 회사는 직원 두 명이 (사표 내고) 나갔다.

01 다음을 중국어로 어떻게 표현할까요?

① 탁자 위에 책 한 권이 놓여 있다.

一本书放在桌子上。(?)

桌子上放着一本书。(○)

② 내 책은 탁자 위에 놓여 있다.

桌子上放着我的书。(?)

我的书放在桌子上。(○)

> |Tip| '一本书'와 같이 확정되지 않은 사물은 주어 위치에 놓이지 않고 목적어
> 위치에 놓이는 것이 더 자연스럽다. 그러나 '我的书'와 같이 확정적인 사
> 물은 주어 위치에 놓아야 한다. 예를 들어 '그는 교실에 있어요'라는 말은
> '教室里有他'라고 하지 않고 '他在教室里'라고 해야 한다. 반면에 '교실에
> 학생 한 명이 있어요'라는 말은 '一个学生在教室里'라고 하는 것보다는
> '教室里有一个学生'이라고 하는 것이 자연스럽다.

02 다음을 중국어로 어떻게 표현할까요?

① 우리 할아버지께서 의자에 앉아 계신다.

椅子上坐着我爷爷。(?)

我爷爷坐在椅子上。(○)

② 엄마가 침대에 누워 계신다.

床上躺着我妈妈。(?)

我妈妈躺在床上。(○)

> |Tip| '我妈妈'나 '我爷爷'는 말하는 사람과 듣는 사람이 이미 알고 있는 확정된
> 사람이므로 주어 위치, 즉 문장 제일 앞에 써야 한다. 반면에 '椅子上坐着
> 一个人'이나 '床上躺着两个人'에서 '一个人'과 '两个人'은 확정된 사람이 아
> 니므로 목적어 위치에 놓으면 맞는 문장이 된다.

03   다음을 중국어로 어떻게 표현할까요?

① 벽에 그림 한 장이 걸려 있다.

在墙上挂着一幅画。(?)

墙上挂着一幅画。 (○)

② 탁자에 차 한 잔이 놓여 있다.

在桌子上放着一杯茶。(?)

桌子上放着一杯茶。 (○)

|Tip| 존현문에서는 장소를 가리키는 말이 직접 주어가 될 수 있기 때문에 주어 앞에 '在'를 쓰면 안 된다.

坐在椅子上，在椅子上坐着의 차이점

'坐在椅子上'은 동사 '坐'와 전치사구 '在椅子上'이 결합된 구조이다. 이와 같이 전치사구가 서술어 뒤에 놓여 보어로 쓰이면 지속의 의미를 표시하게 된다. 그러므로 전치사구를 서술어 앞에 쓰려면 '在椅子上坐着'와 같이 동사 뒤에 '着'를 써야 한다. 이 경우에는 동태조사인 '着'가 지속의 의미를 표시한다. 둘 사이의 차이점은 '坐在椅子上'의 중점은 '椅子上'인 반면, '在椅子上坐着'의 중점은 '坐着'라는 것이다. 전자는 다른 장소가 아닌 '의자'에 앉아 있는 것을 강조하는 것이다. 반면에 후자는 다른 동작을 하고 있는 것이 아니라 '앉아 있다'는 사실을 강조하는 것이다.

① 他不是坐在床上，是坐在椅子上。

그는 침대가 아닌 의자에 앉아 있다.

② 他不是在椅子上站着，是在椅子上坐着。

그는 의자 위에 서 있는 것이 아니라 앉아 있다.

01

蓝蓝的天空上飘着白云。

Lánlán de tiānkōngshang piāozhe báiyún.
파란 하늘에 흰 구름이 떠 있다.

02

门前贴着一张寻人启示。

Mén qián tiēzhe yì zhāng xúnrén qǐshì.
대문에는 사람 찾는 광고가 붙어 있다.

03

花瓶里插着一支花。

Huāpíngli chāzhe yì zhī huā.
꽃병에 꽃 한 송이가 꽂혀 있다.

04

小林手上戴着一块名牌儿手表。

Xiǎo Lín shǒushang dàizhe yí kuài míngpáir shǒubiǎo.
샤오 린은 유명브랜드 시계를 차고 있다.

05

台上坐着主席团。

Táishang zuòzhe zhǔxítuán.
단상에 의장단이 앉아 있다.

06

地铁里发生了一件可怕的火灾事故。

Dìtiěli fāshēng le yí jiàn kěpà de huǒzāi shìgù.
지하철 안에서 무서운 화재사고가 발생했다.

07

东边出太阳了。

Dōngbiān chū tàiyang le.
동쪽에 해가 떴다.

08 **远处传来一阵鞭炮声。**

Yuǎnchù chuánlai yí zhèn biānpàoshēng.

먼 곳에서 폭죽 소리가 한 차례 들려왔다.

09 **天上掉下来一个馅饼。**

Tiānshang diào xiàlai yí ge xiànbǐng.

하늘에서 떡이 뚝 떨어졌다. / 자다가 떡이 생겼다. (속담)

10 **动物园里跑了两只猴子。**

Dòngwùyuánli pǎo le liǎng zhī hóuzi.

동물원에서 원숭이 두 마리가 도망쳤다.

11 **事故中死了不少人。**

Shìgù zhōng sǐ le bù shǎo rén.

사고 중에 많은 사람들이 죽었다.

12 **军队里丢了一支枪。**

Jūnduìli diū le yì zhī qiāng.

군부대에서 총 한 자루가 분실되었다.

13 **鸟笼里飞走了两只鸟。**

Niǎolóngli fēi zǒu le liǎng zhī niǎo.

새장에서 새 두 마리가 날아가 버렸다.

14 **停车场里开走了一辆车。**

Tíngchēchángli kāi zǒu le yí liàng chē.

주차장에서 차 한 대가 빠져나갔다.

비 교 문

<table>
<tr><td>정의</td><td>사람이나 사물의 성질이나 상태 또는 정도의 차이를 비교의 형식으로 나타내는 문형을 비교문이라고 한다.</td></tr>
</table>

정의

사람이나 사물의 성질이나 상태 또는 정도의 차이를 비교의 형식으로 나타내는 문형을 비교문이라고 한다.

꼭 알아두어야 할 점

1. 比

① '**A比B**…'의 형식을 취하며, 'A는 B보다 …하다'라는 뜻이다.

② 서술어 앞에 '**更**'이나 '**还**' 등의 정도부사를 쓸 수 있고 서술어 뒤에 수량보어를 동반할 수도 있다.

③ 부정형은 '**A没有B**…'이나 '**A不比B**…'을 쓴다.

2. 有

① '**A有B**…'의 형식을 취하며, 'A는 B만큼 …하다'라는 뜻이다.

② 서술어 앞에 '**这么**'나 '**那么**' 등의 수식어를 쓸 수도 있다.

③ 부정형은 '**A没有B**…'을 쓴다.

3. 跟…一样

① '**A跟B一样**'의 형식을 취하며, 'A는 B와 똑같다'라는 뜻이다. '**跟…一样**' 구조는 문장에서 관형어, 부사어, 정도보어로 쓰일 수 있다.

② 부정형은 '**A跟B不一样**'이나 '**A不跟B一样**'을 쓴다.

4. 不如

① '**如**' 자체가 직접 서술어로도 쓰인다.

② 긍정형은 '**A如B**'는 쓰이지 않고, 부정형인 '**A不如B**'만 쓰인다.

他 比 我 高。
주어　　比　비교대상　서술어

그는 나보다 크다.

법칙설명

'比'를 쓰는 비교문은 'A比B…'의 형식을 취하는데, 'A는 B보다 …하다'라는 뜻이다. 이 때 서술어는 주로 형용사이며, 그 앞에 '更'이나 '还' 등의 정도부사를 쓸 수 있다. 그리고 서술어 뒤에 수량보어를 동반할 수도 있다.

예문

我太太比我更忙。– 정도부사
Wǒ tàitai bǐ wǒ gèng máng.
내 아내는 나보다 더 바쁘다.

我妹妹比我还高。– 정도부사
Wǒ mèimei bǐ wǒ hái gāo.
내 여동생은 나보다 더 크다.

他比我大三岁。– 보어
Tā bǐ wǒ dà sān suì.
그는 나보다 세 살 많다.

他的身体一天比一天好。
Tā de shēntǐ yì tiān bǐ yì tiān hǎo.
그의 건강은 하루가 다르게 좋아진다.

你弟弟　有　你　这么　高吗?

주어　　　有　비교대상(这么／那么)　서술어

네 남동생이 너만큼 크니?

법칙설명

'有'를 쓰는 비교문은 'A有B…'의 형식을 취하는데, 'A는 B만큼 …하다'라는 뜻이다. 이 때 서술어 앞에 '这么'나 '那么' 등의 수식어를 쓸 수도 있다. '有'를 사용하는 비교문은 주로 의문문에 많이 쓰인다.

예문

他有张东健那么帅吗?

Tā yǒu Zhāng Dōngjiàn nàme shuài ma?

그는 장동건만큼 멋있니?

你有妈妈那么会做菜吗?

Nǐ yǒu māma nàme huì zuòcài ma?

너는 엄마만큼 음식을 잘 하니?

你的房子有他的那么大吗?

Nǐ de fángzi yǒu tā de nàme dà ma?

너의 집은 그의 집만큼 크니?

我说的那本书有这本词典这么厚。

Wǒ shuō de nà běn shū yǒu zhè běn cídiǎn zhème hòu.

내가 말한 그 책은 이 사전만큼 두껍다.

我 没 有 弟弟 那么 高。

주어　没　有　비교대상　（这么／那么）서술어

나는 남동생만큼 그렇게 크진 않다.

● **법칙설명**

'有'를 쓰는 비교문을 부정문으로 만들 때, 부정사 '没'를 서술어 앞에 쓰지 않고 '有'앞에 써야 한다. 'A没有B…'의 형식을 취하는데, 'A는 B만큼 …는 않다'라는 뜻이다. 다시 말해서 'A < B'로, 'B가 A보다 … 하다'라는 의미가 된다.

● **예문**

他没有张东健那么帅吗？
Tā méiyǒu Zhāng Dōngjiàn nàme shuài ma?
그는 장동건만큼 멋있지 않니?

我没有妈妈那么会做菜。
Wǒ méiyǒu māma nàme huì zuòcài.
나는 엄마만큼 음식을 잘 하지 못한다.

我的房子没有他的那么大。
Wǒ de fángzi méiyǒu tā de nàme dà.
내 집은 그의 집보다 작다.

我说的那本书没有这本词典这么厚。
Wǒ shuō de nà běn shū méiyǒu zhè běn cídiǎn zhème hòu.
내가 말한 그 책은 이 사전만큼 두껍지 않다.

我的手机　跟　你的　一样。

주어　　　　跟　비교대상　서술어

내 핸드폰은 너의 것과 똑같다.

법칙설명

'跟…一样'을 쓰는 비교문은 'A跟B一样'의 형식을 취하는데, 'A는 B와 똑같다'라는 뜻이다. 이 때 서술어는 '一样'이다. '跟…一样' 구조는 문장에서 관형어, 부사어, 정도보어로 쓰일 수 있다.

예문

我的想法跟你的一样。 – 서술어
Wǒ de xiǎngfa gēn nǐ de yíyàng.
내 생각은 네 생각과 같다.

这本词典跟那本词典一样厚。 – 부사어
Zhè běn cídiǎn gēn nà běn cídiǎn yíyàng hòu.
이 사전은 그 사전과 두께가 똑같다.

我有一个跟我性格一样的妹妹。 – 관형어
Wǒ yǒu yí ge gēn wǒ xìnggé yíyàng de mèimei
나에게는 나와 성격이 똑같은 여동생 하나가 있다.

这孩子长得跟他爸爸一样。 – 정도보어
Zhè háizi zhǎng de gēn tā bàba yíyàng.
이 아이는 아빠를 꼭 닮았다.

我的手机　跟　你的　不一样。

주어　　　　　跟　비교대상　　不　서술어

내 핸드폰은 네 것과 다르다.

● **법칙설명**

'跟…一样'의 부정은 주로 '跟…不一样'의 형식을 사용하는데, 간혹 '不跟…一样'의 형식도 사용하기도 한다.

● **예문**

我跟他不一样高。

Wǒ gēn tā bù yíyàng gāo.

나는 그와 키가 같지 않다.

我的想法不跟你的一样。

Wǒ de xiǎngfa bù gēn nǐ de yíyàng.

내 생각은 네 생각과 달라.

我有一个跟我性格不一样的妹妹。

Wǒ yǒu yí ge gēn wǒ xìnggé bù yíyàng de mèimei.

나에게 나와 성격이 다른 여동생이 있다.

这孩子长得跟他爸爸不一样。

Zhè háizi zhǎng de gēn tā bàba bù yíyàng.

이 아이는 아빠를 닮지 않았다.

今年　不如　去年　热。
주어　　　不如　　비교대상　서술어

올해는 작년보다 덥지 않다.

법칙설명

위의 예문과 같이 '**热**'라는 서술어가 따로 있을 수도 있지만, '**不如**'를 사용하는 비교문은 '**如**' 자체가 직접 서술어가 될 수 있다. 그러므로 다른 비교문과는 달리 비교대상 뒤에 별도의 서술어 없이도 문장이 성립된다. 또 긍정형은 'A如B'는 쓰이지 않고 부정형인 'A不如B'만 쓰인다.

예문

弟弟的电脑水平不如我。
Dìdi de diànnǎo shuǐpíng bùrú wǒ.
남동생의 컴퓨터실력은 나보다 못하다.

走路不如骑车快。
Zǒu lù bùrú qí chē kuài.
걷는 것은 자전거보다 느리다.

麦当劳汉堡不如肯德基汉堡好吃。
Màidāngláo hànbǎo bùrú Kěndéjī hànbǎo hǎochī.
맥도날드의 햄버거는 KFC 의 햄버거보다 맛없다.

看书不如玩儿电脑有意思。
Kànshū bùrú wánr diànnǎo yǒu yìsi.
공부하는 것은 컴퓨터 게임하는 것보다 재미없다.

他 不 比 我 高。

주어　不　比　비교대상　서술어

그는 나보다 크지는 않다.

법칙설명

'比'를 쓰는 비교문을 부정문으로 만들 때, 부정사는 서술어 앞에 쓰지 않고 '比'앞에 써야 한다. 'A不比B…'의 형식을 취하는데, 'A는 B보다 …는 않다'라는 뜻이다. 다시 말해서 'A≦B'로, A는 B와 같을 수도 있고 B가 A보다 더 …할 수도 있는 것이다.

예문

今天不比昨天冷。
Jīntiān bù bǐ zuótiān lěng.
오늘은 어제보다 춥지는 않다.

南大门的东西不比超市的便宜。
Nándàmén de dōngxi bù bǐ chāoshì de piányi.
남대문의 물건은 슈퍼마켓의 물건보다 싸지는 않다.

东方人的头脑不比西方人的差。
Dōngfāngrén de tóunǎo bù bǐ xīfāngrén de chà.
동양인의 머리는 서양인의 머리보다 나쁘지 않다.

她看起来不比我年轻。
Tā kàn qǐlai bù bǐ wǒ niánqīng.
그녀는 나보다 젊어 보이지는 않는다.

01   다음을 중국어로 어떻게 표현할까요?

① 나는 그보다 중국 요리를 좋아하지 않는다.

我比他不喜欢中国菜。(×)

我不比他喜欢中国菜。(○)

我没有他喜欢中国菜。(○)

② 그는 나보다 수영을 잘 하지 못한다.

他比我游得不好。(×)

他不比我游得好。(○)

他没有我游得好。(○)

|Tip| '比'를 사용한 비교문의 부정형은 'A不比B'나 'A没有B'를 써야 한다. 서술어 앞에 부정사인 '不'를 쓰면 틀린 문장이 되므로 유의해야 한다.

02   다음을 중국어로 어떻게 표현할까요?

① 나는 어제보다 오늘 더 바쁘다.

我今天比昨天很忙。(×)

我今天比昨天更忙。(○)

我今天比昨天还忙。(○)

② 코카콜라가 펩시콜라보다 더 맛있다.

可口可乐比百事可乐很好喝。(×)

可口可乐比百事可乐更好喝。(○)

可口可乐比百事可乐还好喝。(○)

|Tip| 비교문에서 서술어 앞에는 '很', '非常', '真', '太' 등의 정도부사는 쓸 수 없다. 서술어 앞에 쓸 수 있는 정도부사로는 '更'과 '还'가 있는데, 이 때 정도의 차이를 나타내는 '更'과 '还'는 '더…하다'라는 의미이다.

03　다음을 중국어로 어떻게 표현할까요?

① 토끼는 거북이보다 빨리 뛴다.

兔子比乌龟快跑。（ ✕ ）

兔子跑得比乌龟快。（ ○ ）

兔子比乌龟跑得快。（ ○ ）

② 그는 나보다 축구를 잘 한다.

他比我踢足球踢得好。（ ✕ ）

他足球比我踢得好。（ ○ ）

他足球踢得比我好。（ ○ ）

他踢足球踢得比我好。（ ○ ）

|Tip| 비교문에서 비교의 대상은 서술어 앞에 써도 되고 정도보어 앞에 써도 된다. 다만 서술어를 반복할 때는 '**他比我踢足球踢得好**'와 같이 첫 번째 서술어 앞에 비교대상을 쓰면 틀린 문장이 된다.

没有와 不比의 차이점

'A不比B…'는 'A는 B보다 …는 않다'라는 뜻이다. 그러므로 A는 B와 같을 수도 있고, B가 A보다 더 …할 수도 있는 것이다. 그러나 'A没有B…'는 'A는 B만큼 …는 않다'라는 뜻이다. 그러므로 'B가 A보다 더 …하다'는 뜻이다.

① **他不比我能干。** 그는 나보다 유능하지는 않다.
　　(나와 비슷한 능력을 가지고 있을 수도 있고 나보다 못할 수도 있다는 뜻임.)

② **他没有我能干。** 그는 나만큼 유능하지는 못하다.
　　(그의 능력은 나보다 못하다는 뜻임.)

01
星巴克的咖啡比别的地方香。
Xīngbākè de kāfēi bǐ biéde dìfang xiāng.
스타벅스의 커피는 다른 곳의 커피보다 맛있다.

02
笑比哭好。
Xiào bǐ kū hǎo.
웃는 것이 우는 것보다 좋다.

03
西餐能有韩餐好吃吗？
Xīcān néng yǒu Háncān hǎochī ma?
양식이 한식만큼 맛있을 수 있니?

04
这部电影有你说的那么恐怖吗？
Zhè bù diànyǐng yǒu nǐ shuō de nàme kǒngbù ma?
이 영화는 네가 이야기 한 것만큼 무섭니?

05
汽水没有可乐甜。
Qìshuǐ méiyǒu kělè tián.
사이다는 콜라만큼 달지 않다.

06
去百货商店买东西没有网上购物方便。
Qù bǎihuò shāngdiàn mǎi dōngxi méiyǒu wǎngshàng gòuwù fāngbiàn.
백화점에 가서 쇼핑하는 것은 인터넷 쇼핑만큼 편리하지는 않다.

07
你的手怎么肿得跟馒头一样？
Nǐ de shǒu zěnme zhǒng de gēn mántou yíyàng?
네 손은 왜 찐빵처럼 부었니?

08　我跟你一样喜欢轻音乐。

Wǒ gēn nǐ yíyàng xǐhuan qīngyīnyuè.
나도 너처럼 경음악을 좋아해.

09　说跟做不一样，说起来容易，做起来难。

Shuō gēn zuò bù yíyàng, shuō qǐlai róngyì, zuò qǐlai nán.
말과 행동은 다르다. 말은 쉬워도 행하긴 어렵다.

10　中国跟你想像的完全不一样。

Zōngguó gēn nǐ xiǎngxiàng de wánquán bù yíyàng.
중국은 네가 상상하는 것과는 완전히 다르다.

11　方便面不如米饭有营养。

Fāngbiànmiàn bùrú mǐfàn yǒu yíngyǎng.
라면은 쌀밥보다 영양가가 없다.

12　在中国，哈里·波特不如流氓兔走红。

Zài Zhōngguó, Hālǐ·Bōtè bùrú Liúmángtù zǒuhóng.
중국에서는 해리포터는 엽기토끼보다 인기가 없다.

13　男人有时候不比女人坚强。

Nánrén yǒu shíhou bù bǐ nǚrén jiānqiáng.
남자는 때론 여자보다 강하지 않다.

14　大学教授不比中学老师挣得多。

Dàxué jiàoshòu bù bǐ zhōngxué lǎoshī zhèng de duō.
대학교수는 중고등학교 교사보다 많이 벌지는 못한다.

강 조 문

<table>
<tr><td>정의</td><td>화자의 기분을 강조하는 문형을 '강조문'이라고 한다.</td></tr>
</table>

꼭 알아두어야 할 점

1. **'是…的' 구문**
   ① 이미 완료된 일에 대한 시간, 장소, 방식 등을 강조하는 표현방법이다.
   ② '是'는 강조하고자 하는 부분 바로 앞에 쓰며 생략해도 된다.
   ③ 부정문의 경우에는 '是' 앞에 '不'를 쓰며, 이 때 '是'는 생략할 수 없다.
   ④ 목적어가 있을 때는 '的' 뒤에 쓰기도 한다.

2. **의문대명사를 이용한 강조문**
   의문대명사인 '谁', '什么', '哪儿', '怎么' 등을 쓰고 그 뒤에 '都'나 '也'를 써서 예외가 없음을 강조한다.

3. **완전부정을 나타내는 강조문**
   '……也(都) + 没(不)…'구조는 부정의 기분을 강조하는 표현방법이다.

4. **긍정이나 부정을 나타내는 강조문**
   '连…也/都'구조는 긍정이나 부정의 기분을 강조하는 표현방법이다.

5. **긍정을 나타내는 강조문**
   '…没有…不…'나 '不…不…'는 이중부정을 나타냄으로써 강한 긍정을 나타내는 표현방법이다.

6. **'是'를 쓰는 강조문**
   동사가 아니라 부사 '是'를 서술어 앞에 쓰면 '정말', '틀림없이'라는 의미를 나타낸다.

我 是 昨天 来 的。

주어　　　是　　　부사어　　서술어　　的

저는 어제 왔습니다.

법칙설명

이미 완료된 일에 대해서 시간, 장소, 방식 등을 강조하는 표현방법이다. '是'는 강조하고자 하는 부분 바로 앞에 쓰며 생략해도 된다. 부정문의 경우에는 '是' 앞에 '不'를 쓰며, 이 때 '是'는 생략할 수 없다. 또 목적어가 있을 때는 '的' 뒤에 쓰기도 한다.

예문

你是从哪儿来的?
Nǐ shì cóng nǎr lái de?
당신은 어디에서 오셨습니까?

我不是一个人来的。
Wǒ bú shì yí ge rén lái de.
나는 혼자 온 것이 아닙니다.

我们俩三个月前开始谈恋爱的。
Wǒmen liǎ sān ge yuè qián kāishǐ tán liànài de.
우리는 3개월 전에 연애하기 시작했습니다.

我是在美国上的大学。
Wǒ shì zài Měiguó shàng de dàxué.
나는 미국에서 대학을 다녔습니다.

什么 也 不吃。

의문대명사 　都／也 　서술어

아무 것도 먹지 않는다.

● **법칙설명**

의문대명사 '谁', '什么', '哪儿', '怎么' 뒤에 '都'나 '也'를 써서 예외
가 없음을 강조한다.

● **예문**

谁都知道这个道理。

Shéi dōu zhīdao zhè ge dàoli.
누구나 다 이 이치는 안다.

别烦我，我什么都不想说。

Bié fán wǒ, wǒ shénme dōu bù xiǎng shuō.
나를 귀찮게 하지 말아라, 난 아무 말도 하고 싶지 않아.

我哪儿也不想去。

Wǒ nǎr yě bù xiǎng qù.
나는 어디도 가고 싶지 않다.

我怎么劝，他也不听我的。

Wǒ zěnme quàn, tā yě bù tīng wǒ de.
내가 아무리 설득해도 그는 내 말을 듣지 않는다.

一个人　也　没来。

주어　　都／也　　서술어

한 사람도 오지 않았다.

● **법칙설명**

'……也(都) + 没(不)…'구조는 부정의 의미를 강조하는 표현방법이다.

● **예문**

我一次也没去过中国。
Wǒ yí cì yě méi qùguo Zhōngguó.
나는 중국에 한 번도 가 본 적이 없다.

那毛病他一辈子都改不了。
Nà máobìng tā yíbèizi dōu gǎi bu liǎo.
그 버릇을 그는 죽어도 못 고친다.

我一个汉字都不会写。
Wǒ yí ge Hànzì dōu bú huì xiě.
한자를 나는 한 글자도 쓸 줄 모른다.

我和他一天也过不下去了。
Wǒ hé tā yì tiān yě guò bu xiàqù le.
나는 그와 단 하루도 살 수 없게 되었다.

连 我 都 知道。

连　　주어　　都/也　　서술어

나도 안다.

● **법칙설명**

'连…也/都'구조는 긍정이나 부정의 의미를 강조하는 표현방법이다.

● **예문**

我连孩子都不如吗？
Wǒ lián háizi dōu bùrú ma?
내가 아이만도 못하단 말이니?

他连饭也没吃，就走了。
Tā lián fàn yě méi chī, jiù zǒu le.
그는 밥도 먹지 않고 가버렸다.

你怎么连我都不认识了？
Nǐ zěnme lián wǒ dōu bú rènshi le?
네가 어떻게 나도 모르게 되었니?

别说英语，他连汉语都还说不清楚呢。
Bié shuō Yīngyǔ, tā lián Hànyǔ dōu hái shuō bu qīngchu ne.
영어는 말할 것도 없고, 그는 중국어도 제대로 못한다.

我 不 能 不 去。
주어　　부정　　　　부정

나는 가지 않을 수 없다.

● **법칙설명**
'…没有…不…'나 '不…不…'는 이중부정형으로 강한 긍정을 나타내는
표현방법이다.

● **예문**

没有人不喜欢他。
Méiyǒu rén bù xǐhuan tā.
그를 좋아하지 않는 사람은 없다. / 모두 다 그를 좋아한다.

我想你不会不知道这件事。
Wǒ xiǎng nǐ bú huì bù zhīdao zhè jiàn shì.
네가 이 일을 모를 리가 없을 텐데.

没有谁不同意我的意见。
Méiyǒu shéi bù tóngyì wǒ de yìjian.
내 의견에 동의하지 않는 사람은 없다. / 모두 내 의견에 동의한다.

爸爸的话我不能不听。
Bàba de huà wǒ bù néng bù tīng.
아빠 말씀은 듣지 않을 수 없다.

她　是　漂亮。

주어　　是　　서술어

그녀는 정말 예쁘다.

법칙설명

동사가 아니라 부사 '是'를 서술어 앞에 쓰면 '정말', '틀림없이'라는 의미를 나타낸다. 이 때 '是'는 세게 읽는다.

예문

北京的冬天是冷。

Běijīng de dōngtiān shì lěng.

베이징의 겨울은 정말 춥다.

北京烤鸭是好吃。

Běijīng kǎoyā shì hǎochī.

베이징 오리구이는 정말 맛있다.

她是瘦了一点儿。

Tā shì shòu le yìdiǎnr.

그녀는 확실히 살이 좀 빠졌어요.

我昨天是在单位里加班呀，你不信吗？

Wǒ zuótiān shì zài dānwèili jiābān ya, nǐ bú xìn ma?

나는 어제 정말로 회사에서 야근했단 말이야, 못 믿겠어?

상용가능보어(1)

搬不动	bānbudòng	운반할 수 없다(↔搬得动)
吃不到	chībudào	없어서 먹을 수 없다(↔吃得到)
吃不惯	chībuguàn	입에 맞지 않아서 먹을 수 없다(↔吃得惯)
吃不了	chībuliǎo	양이 많아서 먹을 수 없다(↔吃得了)
吃不起	chībuqǐ	비싸서 먹을 수 없다(↔吃得起)
吃不下	chībuxià	입맛이 없어서 넘길 수 없다(↔吃得下)
错不了	cuòbuliǎo	틀림이 없다(↔错得了)
达不到	dábudào	미칠 수 없다, 도달할 수 없다(↔达得到)
放不下	fàngbuxià	공간이 없어서 놓을 수 없다(↔放得下)
分不开	fēnbukāi	떼어놓을 수 없다(↔分得开)
合不来	hébulái	(서로 성격이) 맞지 않다(↔合得来)
见不到	jiànbudào	만나지 못하다(↔见得到)
看不起	kànbuqǐ	깔보다(↔看得起)
看不出来	kànbuchūlái	보고 알아차릴 수 없다(↔看得出来)
靠不住	kàobuzhù	신뢰할 수 없다(↔靠得住)
来不及	láibují	시간적으로 늦다, 손 쓸 틈이 없다(↔来得及)

01 다음을 중국어로 어떻게 표현할까요?

① 저는 다음 달에 결혼합니다.

我是下个月结婚的。(×)

我是下个月结婚。 (○)

我下个月结婚。 (○)

② 그는 내년에 졸업합니다.

他是明年毕业的。(×)

他是明年毕业。 (○)

他明年毕业。 (○)

|Tip| '是…的' 구조는 이미 일어난 일에 대해 시간, 장소, 방식 등을 강조할 때 쓰는 문형이다. 미래를 나타낼 때는 '是…的'를 쓸 수 없다. 강조를 나타내려면 '的'는 쓰지 말고 '是'만 써야 한다.

02 다음을 중국어로 어떻게 표현할까요?

① 당신은 어디에서 왔습니까?

你从哪儿来了? (?)

你是从哪儿来的?(○)

你从哪儿来的? (○)

② 당신은 누구와 함께 왔습니까?

你跟谁一起来了? (?)

你是跟谁一起来的?(○)

你跟谁一起来的? (○)

|Tip| 이미 일어난 일에 대해 시간이나 장소, 방식 등을 강조해서 묻고 대답할 때는 '是…的'를 써야 한다. 이런 경우에는 일반적으로 문장 끝에 '了'를 쓰지 않는다.

03 다음을 중국어로 어떻게 표현할까요?

① 나는 맥도날드에서 밥을 먹지 않고 KFC에서 먹었다.

我不在麦当劳吃的饭，我在肯德基吃的。 （ × ）

我不是在麦当劳吃的饭，我在肯德基吃的。（ ○ ）

② 나는 학교에서 중국어를 배우지 않고 학원에서 배웠다.

我不在学校学的汉语，我在补习班学的。 （ × ）

我不是在学校学的汉语，我在补习班学的。（ ○ ）

|Tip| '是…的'에서 '是'는 생략할 수 있지만, 부정형 '不是…的'에서 '是'는 생략
할 수 없다.

我爱你와 我是爱你，是我爱你의 차이점

'我爱你'는 단순 서술문이다. 두 번째로 '我是爱你'는 동사 '爱' 앞에 부사 '是'를
써서 '사랑한다'라는 말을 강조하는 문장이다. 마지막으로 '是我爱你'는 '다른 사
람이 아닌 바로 나'를 강조하는 문장이다. 즉 '是'가 있는 문장은 강조를 나타내
는 것이다.

이 때는 '是' 바로 뒤의 성분을 강조하는 것임을 유의해야 한다.

① 我爱你。 나는 당신을 사랑합니다.

② 我是爱你。 나는 당신을 정말 사랑합니다.

③ 是我爱你。 바로 내가 당신을 사랑합니다.

01
我是坐计程车来机场的。
Wǒ shì zuò jìchéngchē lái jīchǎng de.
저는 택시 타고 공항에 왔습니다.

02
是谁告诉老师的？
Shì shéi gàosu lǎoshī de?
누가 선생님께 일렀니?

03
他们一年前离的婚，不过，现在又住在一起了。
Tāmen yì nián qián lí de hūn, búguò, xiànzài yòu zhù zài yìqǐ le.
그들은 1년 전에 이혼했는데, 지금도 같이 삽니다.

04
有人说韩国男人什么家务也不干。
Yǒurén shuō Hánguó nánrén shénme jiāwù yě bú gàn.
사람들은 한국남자들은 집안일을 전혀 하지 않는다고 합니다.

05
小林人缘好，谁都愿意和他交朋友。
Xiǎo Lín rényuán hǎo, shéi dōu yuànyi hé tā jiāo péngyou.
샤오 린은 붙임성이 좋아서 누구나 다 그와 친구하고 싶어합니다.

06
快把钱还给我，一分钱也不能少。
Kuài bǎ qián huán gěi wǒ, yì fēn qián yě bù néng shǎo.
빨리 돈을 돌려줘, 한 푼도 모자라면 안 돼.

07
家乐福超市的东西一点儿都不贵。
Jiālèfú chāoshì de dōngxi yìdiǎnr dōu bú guì.
까르프의 물건은 하나도 비싸지 않다.

08 连总统都解决不了的问题，你能行吗？

Lián zǒngtǒng dōu jiějué bu liǎo de wèntí, nǐ néng xíng ma?

대통령도 해결 못하는 문제를 네가 해결할 수 있니?

09 交通事故以后，他连自己的太太都不认识了。

Jiāotōng shìgù yǐhòu, tā lián zìjǐ de tàitai dōu bú rènshi le.

교통사고 후 그는 자기 아내도 알아보지 못한다.

10 我想韩国人没有不喜欢吃泡菜的。

Wǒ xiǎng Hánguórén méiyǒu bù xǐhuan chī pàocài de.

한국사람 치고 김치를 좋아하지 않는 사람은 없을 것이다.

11 今天的会议非常重要，不能不去。

Jīntiān de huìyì fēicháng zhòngyào, bù néng bú qù.

오늘의 회의는 매우 중요하기에 안 가면 안 돼.

12 怎么迟到了？你是不是又睡懒觉了？

Zěnme chídào le? Nǐ shì bu shì yòu shuì lǎn jiào le?

왜 늦었니? 너 또 늦잠 잔 거 아니냐?

13 是我不好，把花瓶打碎了。

Shì wǒ bù hǎo, bǎ huāpíng dǎ suì le.

모두 다 제 잘못이에요. 제가 꽃병을 깨뜨렸어요.

14 我是真不知道，不是装不知道。

Wǒ shì zhēn bù zhīdao, bú shì zhuāng bù zhīdao.

저는 정말 모릅니다. 모르는 척하는 것이 아닙니다.

01 都12点了，小芳怎么还不回来，真 ＿＿＿＿＿ 人着急。
　　A 把　　　　　B 叫　　　　　C 对　　　　　D 给

02 周末的时候，妈妈才 ＿＿＿＿＿ 我看电视。
　　A 使　　　　　B 把　　　　　C 让　　　　　D 对

03 快毕业的时候，他 ＿＿＿＿＿ 骑了四年的自行车卖了。
　　A 把　　　　　B 使　　　　　C 叫　　　　　D 给

04 每周五天工作制的实行 ＿＿＿＿＿ 人们有了更多的空闲时间。
　　A 给　　　　　B 请　　　　　C 为　　　　　D 使

05 你是经营企业的行家，在这方面很多人 ＿＿＿＿＿ 你。
　　A 不如　　　　B 比　　　　　C 没有　　　　D 不比

06 今年夏天 ＿＿＿＿＿ 去年一样热得要命。
　　A 不如　　　　B 跟　　　　　C 比　　　　　D 没有

07 病人 ＿＿＿＿＿ 抬上了救护车。
　　A 把　　　　　B 让　　　　　C 被　　　　　D 使

08 夏天的蚊子真 ＿＿＿＿＿ 人讨厌。
　　A 被　　　　　B 叫　　　　　C 为　　　　　D 把

09 小摊儿上有些东西比百货商店的 ＿＿＿＿＿ 好。
　　A 很　　　　　B 还　　　　　C 非常　　　　D 太

10 我的好朋友张美兰 ______ ，所以他进步更快。
   A 比努力我   B 努力比我
   C 努力更比我   D 比我努力

11 这本杂志比那本杂志 ____________。
   A 很有意思   B 更有意思
   C 非常有意思   D 有意思极了

12 昨天是他自己不去，______ 我们不让他去。
   A 不是   B 没有   C 不   D 没

13 汉语大词典 ______ 小王借走了。
   A 于   B 被   C 使   D 由

14 从前 ______ 个女孩子叫花木兰。
   A 是   B 有   C 请   D 让

15 我的话 ______ 她非常难为情。
   A 由   B 被   C 把   D 让

16 晚上我 ______ 你吃饭。
   A 请   B 被   C 把   D 使

17 这个字 ______ 小孩都认识，你怎么不知道？
   A 有   B 是   C 从   D 连

18 因为'非典'， 香港已经死 _____ 十几个人了。
    A 了   B 着   C 过   D 的

19 我昨天是在那家剧场看 _____ 电影。
    A 的   B 地   C 得   D 过

20 你来电话的时候，我 _____ 在厨房里洗碗。
    A 有   B 正   C 着   D 马上

21 今天晚上7点我在新华电影院门口等你，咱们___见___散。
    A 不……也……   B 不……不……
    C 非……不……   D 也……也……

22 今年我校韩国留学生的 _____ 。
    A 人数比去年多一些   B 去年比人数多一些
    C 人数去年比多一些   D 多一些人数比去年

23 A 雨伞 B 她借走了，我只好 C 穿雨衣去 D 上班。
              让

24 战争 A 年代，B 那个城市 C 破坏得很 D 严重。
              被

25 昨天 A 张大伟 B 局长 C 批评了 D 一顿，现在心里
    还不痛快呢。
              被

26 A 昨天买的那张画 B 挂 C 在客厅的墙上 D 了。
　　　　让我

27 A 你 B 快 C 喝下去 D，瞧，我们不是都干了吗？
　　　　把啤酒

28 我 A 真的 B 把 C 这件事 D 告诉小林。
　　　　没有

29 A 做家务 B 不 C 轻松 D。
　　　　比上班

30 你出的这个迷语 A 已经 B 猜着 C 了 D。
　　　　被他

31 昨天 A 我又 B 骂 C 了一非 D。
　　　　让老师

32 妈妈 A 让 B 我 C 去小林家 D 玩儿。
　　　　不

33 A 昨天晚上我 B 女朋友打了 C 一个长途电话 D。
　　　　给

34 冰箱里 A 放 B 一个 C 大西瓜 D。
　　　　着

35 A 弟弟 B 碗 C 摔 D 碎了。
　　　　把

36　我　A　把美元　B　换成　C　人民币　D　。
　　　　　　　　想

37　A　今天　B　人　C　来　D　看演出。
　　　　　　没有

38　A　中国人　B　吃　C　饭　D　。
　　　　　用筷子

39　A　人　B　不讨点　C　他　D　。
　　　　　　没有

40　我们队　A　有　B　资格　C　参加　D　这次比赛。
　　　　　　没

41　他　A　送来的花瓶都　B　被　C　我　D　打碎了。
　　　　　给

42　师傅　A　把　B　冰箱　C　修　D　好了。
　　　　　已经

43　我　A　要　B　把汉语　C　学　D　好。
　　　　　一定

정답	1 B	2 C	3 A	4 D	5 A	6 B	7 C	8 B	9 B	10 D
	11 B	12 A	13 B	14 B	15 D	16 A	17 D	18 A	19 A	20 B
	21 B	22 A	23 B	24 C	25 B	26 B	27 C	28 B	29 C	30 B
	31 B	32 A	33 B	34 B	35 B	36 A	37 B	38 B	39 A	40 A
	41 D	42 A	43 A							

상용가능보어(2)

离不开	líbukāi	떠날 수 없다.(↔离得开)
买不到	mǎibudào	물건이 없어서 살 수 없다.(↔买得到)
买不起	mǎibuqǐ	돈 없어서 살 수 없다.(↔买得起)
忙不过来	mángbuguòlái	바빠서 (일을) 다 할 수 없다.(↔忙得过来)
受不了	shòubuliǎo	견딜 수 없다, 참을 수 없다.(↔受得了)
睡不着	shuìbuzháo	잠을 이룰 수 없다.(↔睡得着)
说不定	shuōbudìng	…할 지도 모르다, 단언할 수 없다.(↔说得定)
听不进去	tīngbujìnqù	말이 귀에 들어오지 않다, 말을 받아들이지 않다(↔想得出来)
忘不了	wàngbuliǎo	잊을 수 없다.(↔忘得了)
想不出来	xiǎngbuchūlái	생각해낼 수가 없다.(↔想得出来)
想不到	xiǎngbudào	~까지 생각지 못하다, 예상 못 하다.(↔想得到)
想不开	xiǎngbukāi	생각을 떨쳐버리지 못하다.(↔想得开)
想不起来	xiǎngbuqǐlái	(기억했던 것이)생각이 나지를 않는다.(↔想得起来)
住不起	zhùbuqǐ	돈이 없어서 (집 등에) 살 수 없다.(↔住得起)
住不下	zhùbuxià	방이 작아서 살 수 없다.(↔住得下)
走不动	zǒubudòng	(피곤해서) 발걸음을 뗄 수가 없다.(↔走得动)

첫째 주(품사 편) 중국어 품사를 다 알 필요는 없다

01 '내일 당신은 여기에 올 수 있습니까?'라는 뜻으로 능원동사를 이용해서 정반의문문을 만드는 방법을 묻는 문제이다. 이런 경우에는 '능원동사 + 不 + 능원동사'의 구조로 정반의문문을 만들어야 한다.

02 '그녀는 한자를 분당 5,60타 칠 수 있습니다.'라는 뜻으로 얼마만큼의 능력을 가지고 있는지를 표현할 때 사용하는 능원동사를 고르는 문제이다. 타자를 칠 줄 아느냐 모르느냐를 나타낼 때는 '会'를 써야 하지만 분당 몇 타나 칠 수 있느냐 없느냐를 나타낼 때는 '能'을 써야 한다.

03 '내일 너의 집에 놀러가도 되니?'라는 뜻을 나타내는 문장으로 환경의 가능여부를 묻는 문제이다. 이와 같이 허락을 나타낼 때는 능원동사 '能'을 써야 한다.

04 '당신은 불어를 할 줄 압니까?'라는 뜻으로 배워서 할 줄 안다는 의미를 나타낼 때 어떤 능원동사를 써야 하는지를 묻는 문제이다. 이와 같이 배워서 어떤 능력을 가지고 있음을 나타낼 때는 '会'를 써야 한다.

05 '라오 왕은 병이 나서 어제 출근하지 못했습니다'라는 뜻으로 어떤 행위나 동작을 하지 않았음을 나타낼 때 사용하는 부정사를 고르는 문제이다. 이런 경우에는 '没'를 써야 한다.

06 '내 룸메이트가 아파서 내가 좀 돌봐야 해. 그래서 영화 보러 갈 수 없어'라는 뜻으로 동사를 어떤 형식으로 중첩하는 지를 묻는 문제이다. 이음절 동사의 중첩은 'ABAB'의 형식을 취해야 하므로 '照顾照顾'라고 해야 한다. 목적어인 他를 서술어 뒤에 써야 한다.

07 '이 문제는 우리가 좀 연구해 보아야 해요. 지금 결정할 수 없습니다.'라는 뜻으로 역시 동사의 중첩형을 묻는 문제이다. 이음절 동사의 경우에는 두 동사 사이에 '一'를 사용할 수 없으므로 '研究研究'를 선택해야 한다.

08 '이 아가씨는 언제나 예쁘게 차려 입습니다.'라는 뜻으로 형용사의 중첩형을 묻는 문제이다. 형용사의 중첩형은 'AABB'이므로 '漂漂亮亮'을 써야 하며 형용사를 중첩할 경우에는 그 자체만으로도 의미가 강해지기 때문에 그 앞에 '很', '非常' 등 부사를 쓸 수 없다.

09 '방 안에는 시원스럽게 생긴 아가씨 한 명이 앉아 있다.'라는 뜻으로 역시 형용사의 중첩형을 묻는 문제이다. '大方'은 이음절이기 때문에 'AABB'의 형식으로 '大大方方'이라고 해야 한다.

10 '여기에 앉으니 정말 좋네. 똑똑히 잘 보여.' 라는 뜻으로 역시 형용사의 중첩형을 확인하는 문제이다. 그러므로 'AABB'의 형식인 '清清楚楚'라고 해야 하는데, 형용사를 중첩할 경우에는 그 자체만으로도 의미가 강해지기 때문에 그 앞에 '很', '非常' 등 부사를 쓸 수 없으므로 D와 같이 쓰면 안 된다.

11 '설날이면 집집마다 대문에 커다란 "福"자를 붙인다.'는 뜻으로 '모든', '…마다'의 뜻을 나타내는 명사의 중첩을 묻는 문제이다. 집집마다를 나타내기 위해서는 한국어의 '가가호호'와 마찬가지로 '家家户户'를 써야 한다.

12 '너는 어떤 과일을 좋아하니?'라는 뜻으로 해당되는 양사를 정확히 선택해야 하는 문제이다. 이 경우에는 과일의 종류를 나타내는 '种'을 써야 한다.

13 '나는 어제 운동화 한 켤레를 샀다.' 라는 뜻으로 역시 양사를 묻는 문제이다. 쌍을 이룬 물건을 셀 때는 양사 '双'을 써야 한다. 단 신발의 한 짝을 나타내는 양사로는 '只'를 쓴다.

14 '선생님은 큰 소리로「조용히 하세요」라고 말씀하셨다.'라는 뜻으로 '大声'이 부사어로 쓰이고 있다. 부사어가 서술어를 수식할 때 어떤 구조조사를 써야 하는 지를 묻는 문제이다. 이런 경우에는 구조조사 '地'를 써야 한다.

15 '그는 이 질문에 아주 정확하게 답했다.'라는 뜻으로 서술어와 정도보어 사이에 들어갈 구조조사를 고르는 문제이다. 서술어와 정도보어 사이에는 구조조사 '得'를 써야 한다.

16 '아이들은 신나게 집으로 갔습니다.'라는 뜻으로 형용사의 중첩이 부사어로 쓰여 서술어를 수식할 때 어떤 구조조사를 써야 하는지를 묻는 문제이다. 이런 경우 부사어 '高高兴兴(신나게)'과 서술어 사이에는 구조조사 '地'를 써야 한다.

17 '이 영화를 보고 그녀는 슬피 울었다.'라는 뜻으로 역시 형용사가 부사어로 쓰여 서술어를 수식할 때 어떤 구조조사를 써야 하는지를 묻는 문제이다. 이런 경우 부사어 '伤心(슬프게)'과 서술어 사이에는 구조조사 '地'를 써야 한다.

18 '여동생은 커다란 눈으로 나를 보고 있다.'라는 뜻으로 형용사 중첩형 (大大)이 관형어가 될 때 관형어와 중심어(眼睛) 사이에 어떤 구조조사를 써야 하는 지를 묻는 문제이다. 관형어와 중심어 사이에는 구조조사 '的'를 써야 한다.

19 '샤오 린아, 누워서 책을 보지 말아라'라는 뜻으로 어떤 자세를 취한 상태에서 다른 동작을 한다는 의미를 나타낼 때 앞 동사 뒤에 어떤 조사를 써야 하는 지를 묻는 문제이다. 이 문제에서는 '누운 상태에서 책을 보는 것'이므로 앞 동사 뒤에 동태조사 '着'를 써야 한다.

20 '내일 수업 끝나자마자 우리 영화 보러 가자'라는 뜻으로 어떤 두 동작이나 행위가 바로 연이어 일어남을 나타낸다. 이때 앞 동작이 완료되고 난 후 뒤 동작이 일어남을 표시하기 위해서는 첫 번째 동사 바로 뒤에 동태조사 '了'를 써야 한다.

21 '나는 중국지도 한 장을 사고 싶은데, 너는 살 거니?' 라는 뜻으로 의문문에서 문장 끝에 어떤 조사를 써야 하는 지를 묻는 문제이다. '吧'는 추측을 나타내고, '呢'는 주로 명사나 대명사 뒤에 놓이므로 이 문제에

서는 가장 일반적인 의문문을 만드는 의문조사 '吗'를 써야 한다.

22 '교실 문은 열려 있고 전등은 켜져 있다.'라는 뜻으로 상태의 지속을 나타낼 때 어떤 조사를 써야 하는 지를 묻는 문제이다. 동태조사 '了'는 완료를, '过'는 경험을 나타내므로 지속을 나타내는 '着'를 동사 뒤에 써야 한다.

23 '이 일을 당신이 모를 리가 없지요.'라는 뜻으로 추측을 나타내는 어기조사를 고르는 문제이다. '吗'는 의문을 나타내므로 추측을 나타내는 조사 '吧'를 써야 한다.

24 '중국에 온 후 나는 베이징, 난징, 시안을 갔었다.' 라는 뜻으로 경험을 나타낼 때 어떤 조사를 써야 하는 지를 묻는 문제이다. 여기서는 가 본 적이 있는 것이므로 동사 '去' 뒤에 경험을 나타내는 동태조사 '过'를 써야 한다.

25 '당신은 이 이야기를 들어본 적이 있나요?'라는 뜻으로 의문을 나타내는 조사를 고르는 문제이다. 그러므로 의문조사 '吗'를 써야 한다.

26 '알겠어요, 당신이 한 말 제가 꼭 기억해 둘게요.' 라는 뜻으로 동사 앞의 '会'와 호응해서 단정을 나타낼 수 있는 조사를 찾는 문제이다. 능원동사 '会'와 어기조사 '的'를 함께 쓰면 꼭 그렇게 할 것이라는 의미를 나타내게 된다.

27 '이것은 나의 사전인데, 당신의 것은(어디에 있어요)?'라는 뜻으로 명사성 성분 뒤에 써서 '在哪儿'의 의미를 나타내고자 할 때는 어기조사 '呢'를 써야 한다.

28 '올해 상하이로 여행가는 사람들은 아주 많겠지요?'라는 뜻으로 서술어 앞에 '一定(틀림없이, 분명)'이라는 부사가 있으므로 문장 끝에는 추측을 나타내는 어기조사 '吧'를 써야 한다. 의문조사 '吗'를 쓰려면 문장을 '今年去上海旅游的人多吗?'로 고쳐야 한다.

29   '나는 몸이 아파서 학교에 가지 못하게 되었어요.'라는 뜻으로 상황 변화를 나타내는 어기조사에 대해 묻는 문제이다. 원래는 학교에 가야 하는데 몸이 아파서 못 가게 된 것이므로 변화를 나타내는 어기조사 '了'를 써야 한다.

30   '너는 어떻게 중국어를 그렇게 유창하게 하니?'라는 뜻으로 서술어와 정도보어를 사이에 어떤 구조조사를 써야 하는 지를 묻는 문제이다. 관형어와 중심어 사이에는 '的'를, 부사어와 서술어 사이에는 '地'를, 서술어와 정도보어 사이에는 '得'를 써야 한다. 관형어와 부사어는 주어, 목적어, 서술어 앞에 놓이지만, 보어는 서술어 뒤에 놓인다는 점도 유의해야 한다.

둘째 주(문장성분 편) 중국어의 문장성분은 겨우 6개이다

01   '우리는 자주 근처의 낮은 산에 가서 운동을 합니다.'라는 뜻으로 '자주'라는 의미의 부사 '常常'의 사용법에 대해 묻는 문제이다. 부사가 부사어로 서술어를 수식할 때는 구조조사 '地'를 쓸 필요가 없다.

02   '나는 한참 동안 듣고서야 그가 말한 뜻을 알게 되었다.'라는 뜻으로 동작이나 행위를 한참 동안 하고서야 어떤 결과가 생겼다는 의미를 나타낼 때 어떤 부사를 써야 하는 지를 묻는 문제이다. 이런 경우에는 '才'를 써야 한다.

03   '어제 그는 머리가 약간 아파서 8시 반에 이미 잠자리에 들었다.'라는 뜻으로 사건의 발생이나 상황의 출현이 평상시보다 혹은 생각보다 일찍 일어났다는 의미를 나타낼 때 어떤 부사를 써야 하는 지를 묻는 문제이다. 이런 경우에는 '就'를 써야 한다.

04   '왜 이렇게 늦게 왔니?'라는 뜻으로 동작이나 행위가 생각보다 늦었다는 의미를 나타낼 때 어떤 부사를 써야 하는 지를 묻는 문제이다. 2번과 마찬가지로 이런 경우에는 부사 '才'를 써서 정상보다 늦었다는 의미를 나타내야 한다.

05   '샤오 리와 그의 아내는 모두 공무원이다.'라는 뜻으로 동사 '是' 앞에 어떤 부사를 선택해야 하는 지를 묻는 문제이다. 주어 두 사람을 모두 포괄할 수 있는 부사는 '都(모두)'이다.

06   '대부분 중국사람들은 한국 요리가 너무 맵다고 생각한다.'라는 뜻으로 문장 끝에 쓰인 '了'와 호응할 수 있는 정도부사를 고르는 문제이다. 형용사 앞에 정도부사 '太'와 형용사 뒤의 '了'는 서로 호응하여 '너무~하다'라는 의미를 나타낸다.

07   '아빠는 나에게 컴퓨터 한 대를 사주셨다'라는 뜻으로 '~에게'라는 의미를 가지고 있는 전치사를 고르는 문제이다. '从'은 '~로부터', '在'는 '~에서', '到'는 '~까지'라는 의미를 가지고 있으므로 이 문장에서는 '给(에게)'를 써야 한다.

08   '상하이의 난징루는 아침부터 저녁까지 항상 시끌벅적하다.'라는 의미의 문장을 만드는 문제이다. 이 문장에서는 '항상, 언제나'라는 뜻을 나타내는 말인 '从早到晚(아침부터 저녁까지)'을 써야 한다. '从上到下', '从里到外', '从东到西'는 모두 공간적인 의미를 나타내므로 쓸 수 없다.

09   'A: 말씀 좀 묻겠습니다. 여기에 이런 사전 있어요?', 'B: 미안합니다. 이미 다 팔렸습니다.' 라는 뜻으로 어떤 동작이 이미 일어났음을 나타내는 부사를 선택하는 문제이다. 책을 찾는 사람에게 '对不起'라고 말하는 것을 보면 책이 이미 다 팔렸다는 의미의 문장을 만들어야 하기 때문에 부사 '已经'을 써야 한다.

10   '이 영화는 정말 재미있어서 한 번 더 보고 싶어요.'라는 뜻으로 어떤 동량사를 선택해야 하는 지를 묻는 문제이다. '영화를 보다'라는 행위 뒤에는 '처음부터 끝까지'라는 과정의 뜻을 가진 동량사를 써야 하므로 동사 '看' 뒤에 '一遍'을 써야 한다.

11   '나는 예전에는 술을 마실 줄 몰랐는데 지금은 마실 줄 압니다.'라는 뜻으로 '예전의 마실 줄 모르던 술을 이제는 마실 줄 알게 되었다'라는 변화의 느낌을 살릴 수 있는 어기조사를 선택하는 문제이다. 그러므로 변화의 의미를 나타내는 어기조사 '了'를 써야 한다.

12   '일본사람이 중국어를 말할 때는 발음은 좀 어렵지만, 한자는 별로 어렵지 않다.'라는 뜻으로 '조금'이라는 뜻을 나타낼 때 어떤 단어를 써야 하는 지를 묻는 문제이다. 즉 '一点儿'과 '有点儿'의 차이점을 구별하는 문제이다. 형용사 앞에는 '有点儿'을 써야 한다. '一点儿'은 형용사 뒤에 놓이므로 이 경우에는 '难' 앞에 '有点儿'을 써야 한다.

13   '내 몇몇 학우들은 모두 길 건너편의 회사에서 근무한다.'라는 뜻으로 어순을 묻는 문제이다. 이 경우에는 부사 '都(모두)'와 전치사구 '在马路对面的那家公司(길 건너편의 회사)'는 서술어 '工作(근무한다)'의 앞에 놓여야 한다. '~에서 ~한다'라는 의미를 나타낼 때는 장소 앞에 '在'를 써야 한다.

14   '샤오 린은 감기가 너무 심해서 출근을 하지 못했어요.'라는 뜻으로 서술어와 정도보어의 어순을 묻는 문제이다. 우선 '감기에 걸렸다'는 의미의 서술어 '感冒'를 먼저 쓰고 '너무 심하다'는 의미의 정도보어 '非常厉害'를 써야 한다. 이때 '非常'은 형용사를 수식하는 부사이므로 '厉害' 앞에 써야 하고 서술어와 정도보어 사이에 구조조사 '得'를 써야 한다.

15   '오늘 오후 나는 3시 30분 비행기를 타려고 합니다.'라는 뜻으로 어순을 묻는 문제이다. '3시 30분'이 비행기를 수식하는 구조가 되어야 하므로 '三点三十分'이 '飞机'를 수식해야 한다. 그리고 관형어와 목적어 사이에는 구조조사 '的'를 써야 한다.

16   '이 교재는 2003년도 베이징에서 출판한 책입니다.'라는 뜻으로 언제, 어디서를 나타내는 관형어의 어순을 묻는 문제이다. '这本教材 + 是 + 목

적어'의 구조가 되어야 하므로 '是' 뒤의 성분은 명사성 성분이어야 한다. 시간을 나타내는 말과 장소를 나타내는 말이 함께 있을 때는 시간을 나타내는 말이 앞에 놓인다. '2003년 베이징에서 출판된 것'이라는 의미를 나타내기 위해서는 '2003 年在北京出版的'이라고 해야 한다.

17 '6시 반에 학교 앞에서 나를 기다리는 것이 어떻겠니?'라는 뜻으로 시간부사어와 장소부사어의 위치를 묻는 문제이다. 일반적으로 시간부사어는 장소부사어 앞에 와서 '주어 + 시간부사어 + 장소부사어 + 서술어 + 목적어' 등의 어순을 취한다. 그러므로 '六点半(시간)在学校门口(장소)等(서술어)我(목적어)'라고 해야 한다.

18 '어린 여자아이는 아주 크고 빨간 풍선을 손에 쥐고 있었다.'라는 뜻으로 어순과 구조조사 '的'를 묻는 문제이다. '气球'라는 목적어 앞에 '一个', '红', '大大'라는 수식어가 있다. 관형어의 어순은 우선 수사와 양사가 제일 앞에 오며, 일음절 형용사는 목적어인 '气球' 바로 앞에 놓이게 된다. 그러므로 '一个'가 제일 앞에 놓이고 그 다음은 '大大', 그리고 가장 끝에 '红'이 놓이게 된다. 그런데 구조조사 '的'는 형용사의 중첩형 뒤에는 써야 하지만, 수량사나 일음절 형용사 뒤에는 쓰지 않는다.

19 '오늘은 날씨가 꽤 쌀쌀하니 옷을 좀 많이 입어야 해.'라는 뜻으로 역시 어순에 관한 문제이다. 부사어는 서술어 앞에 놓이므로 '多'는 '穿' 앞에 놓여야 한다. 그리고 '一点儿'은 동사 뒤에 놓여야 하며 목적어 (衣服)는 그 뒤에 놓여야 한다.

20 '이 모자는 좀 작습니다. 좀 더 큰 것으로 주세요.'라는 뜻으로 '有点儿'과 '一点儿'의 차이점을 구분하는 문제이다. '有点儿'은 서술어인 형용사 '小' 앞에 놓인다. 반면 '一点儿'은 형용사 뒤에 써야 한다. 이 문장에서는 '小'와 '大'가 형용사이므로 '小' 앞에는 '有点儿'을, '大' 뒤에는 '一点儿'를 써야 한다.

21 '나는 영어를 조금 합니다.'라는 뜻으로 '一点儿'의 위치를 묻는 문제이다. '一点儿'은 형용사나 동사 뒤에 놓인다. 이 문장에서는 '说'가 동사이므로 '说' 바로 뒤에 써야 한다.

22 '그는 영국에서 5년 남짓 살고 있습니다.'라는 뜻으로 시간보어에 대해 묻는 문제이다. '住'한 기간이 얼마나 되는 지를 표시하는 시간보어 '5년 남짓'은 '五年多'라고 해야 한다.

23 '지금 서울의 상황에 대하여 소개 좀 해주세요.'라는 뜻으로 동량보어의 위치에 대해 묻는 문제이다. 동량보어 '一下'는 동사 바로 뒤에 놓이므로 이 문장에서는 동사인 '介绍' 뒤에 놓아야 한다.

24 '네 하얀 운동화 두 켤레가 왜 이렇게 더럽니?'라는 뜻으로 양사의 위치를 묻는 문제이다. '两双'은 '수사 + 양사'의 구조이므로 지시사 바로 뒤에 놓여 '이 두 켤레'의 의미를 나타내야 한다.

25 '이 선생님은 내 대학시절의 절친한 친구이다.'라는 뜻으로 구조조사 '的'의 위치를 묻는 문제이다. 일음절 형용사가 주어나 목적어, 즉 피수식어를 수식할 때는 보통 '的'를 쓰지 않지만, '很', '非常', '最' 등의 정도부사의 수식을 받은 일음절 형용사(好)가 피수식어(朋友)를 수식할 때는 그 사이에 반드시 구조조사 '的'를 써야 한다.

26 '왕쥔은 지금 학원에서 영어를 배우고 있다.'라는 뜻으로 전치사구의 위치를 묻는 문제이다. 전치사구 '在 + 장소'는 서술어 앞에 놓여야 하므로 이 문장에서는 전치사구 '在补习班'은 동사인 '学习' 앞에 놓여야 한다.

27 '매일 아침식사 후 나와 샤오 리는 운동장에서 축구를 한다.'라는 뜻으로 역시 전치사구의 위치를 묻는 문제이다. 전치사구는 동사 바로 앞에 써야 하므로 이 문장에서는 동사 踢' 앞에 놓여야 한다. 이 때 조심할 점은 부사인 '都'와 전치사구인 '在+ 장소'가 함께 부사어로 쓰일 때는 '都'가 앞에 놓인다는 것이다.

28 '봐봐, 저 남자 선생님이 바로 왕리의 아빠야.'라는 뜻으로 구조조사 '的'가 언제 필요한 지를 묻는 문제이다. 지시사(那)와 양사(位)가 피수식어를 수식할때는 '的'를 쓰지 않는다. 또 일음절인 '男'이 수식할 때도 '的'를 쓰지 않는다. 그러나 소유를 나타낼 때는 보통 '的'를 쓰므로 '王力'와 '爸爸' 사이에는 구조조사 '的'를 써야 한다.

29 '메뉴의 요리이름을 난 한 개도 모르겠어.'라는 뜻으로 완전부정을 나타낼 때 '也'의 위치를 묻는 문제이다. 원래 무엇을 봐도 모른다는 의미를 나타내려면 '看不懂 + 무엇'의 구조로 써야 한다. 그러나 '한 개도 모른다'는 의미를 나타내려면 '一个也看不懂'의 어순을 취해야 한다. 그러므로 '한 사람도 오지 않았다'라는 말은 '一个人也没来'라고 해야 한다.

30 '나는 어제 5시간 반 동안 운전을 했다.'라는 뜻으로 시간보어의 위치를 묻는 문제이다. 동사서술어인 '开' 뒤에 목적어 '车'가 쓰였기 때문에 그 뒤에 서술어를 다시 반복해서 쓰고 있다. 이런 경우에는 두 번째 반복한 서술어 뒤에 시간보어를 써야 한다.

31 '그녀는 정말로 친절한 판매원이다.'라는 뜻으로 부사 '真'의 위치를 묻는 문제이다. 부사 '真'은 동사 '是' 앞에 놓여야 한다.

32 '우리는 그 공원에 자주 산책하러 간다.'라는 뜻으로 부사 '常常'의 위치를 묻는 문제이다. 연동문이 있을 때 부사는 첫 번째 동사 앞에 써야 한다. 그러므로 이 문장에서는 '그 공원에 산책하러 가다'라는 연동문이 나타내는 행위를 자주 한다는 의미이므로 부사 '常常'은 '去那个公园散步' 앞에 써야 한다.

셋째 주(문장성분 편) 보어를 알면 중국어가 보인다

01 '오늘은 어제보다 훨씬 추워졌다.'라는 의미를 가진 문장을 만드는 문제이다. 비교문에서 서술어로 쓰이는 형용사 앞에는 부사 '很'이나 '非常'을 쓸 수 없다. 이런 경우에는 서술어인 '冷' 뒤에 '多了'를 써야 한다. 이때 '了'는 변화를 나타낸다.

02 '그 집 정원은 언제나 깨끗이 청소되어 있다.'라는 의미를 가진 문장을 만드는 문제이다. 정도보어 자리에 놓이는 형용사 앞에는 습관적으로 부사 '很'을 쓴다. 또 중첩형을 쓰려면 'AABB' 형식을 쓰거나 그 뒤에 '的'를 써야 한다.

03 '이 양복을 당신들은 깨끗하게 세탁하지 않았습니다.'라는 뜻으로 결과보어를 묻는 문제이다. 동사서술어 '洗' 뒤에서 '干净'이 결과보어로 쓰이는데, 이 문장에서는 앞에 부정을 나타내는 '没'가 있기 때문에 '干净' 뒤에 '了'를 쓰면 안 된다. 또 결과보어로 쓰이는 동사나 형용사는 다른 수식어 없이 서술어 바로 뒤에 놓인다.

04 '그는 중국어를 정말 잘 합니다. 모르는 사람들은 그를 진짜 중국사람으로 여겨요.'라는 뜻으로 서술어와 정도보어를 어떤 형식으로 쓰는 지를 묻는 문제이다. 서술어와 정도보어의 어순은 '서술어(说) + 구조조사(得) + 정도보어(真好)'가 되어야 한다.

05 '대회에 출전한 가수들 중 어느 가수가 노래를 잘 했어요?'라는 뜻으로 역시 정도보어에 대해서 묻는 문제이다. 이미 앞에 '哪个'라는 말이 이미 의문을 나타내기 때문에 정도보어를 정반의문문의 형식으로 쓰면 안 된다. '노래를 잘 한다'는 말은 서술어인 '唱' 뒤에 구조조사 '得'를 쓰고 마지막으로 정도보어 '好'를 써서 표현한다.

06 '샤오 린은 강아지를 잃어버려 맘이 조급해서 밥이 넘어가지 않는다.'라는 뜻으로 '밥이 넘어가지 않는다'는 의미의 가능보어 형식을 묻는 문제이다. '밥이 넘어가지 않는다'는 말은 '吃不下'이고 목적어인 '饭'은 바로 그 뒤에 써야 한다.

07 '이 일이 나중에 어떻게 되었는지 빨리 계속해서 이야기해봐요.'라는
뜻으로 '讲' 뒤에 어떤 방향보어가 들어가야 하는 지를 묻는 문제이다.
어떤 행위나 동작을 앞으로 계속해나간다는 의미를 나타낼 때는 '下
去'를 써야 한다. '下来'는 지금까지 계속해왔다는 의미이다.

08 '당신들이 이제서야 출발한다면 오늘 내로 절대 돌아올 수 없을 거예
요.'라는 뜻으로 가능보어의 부정형을 묻는 문제이다. 가능보어의 긍
정은 가운데 '得'를 써서 나타내고 부정은 '不'를 써서 나타낸다. 그러
므로 '돌아올 수 없다'라는 말은 '回不来'이다.

09 '눈이 와요, 빨리 교실로 들어갑시다.'라는 뜻으로 방향보어와 장소목
적어의 위치를 묻는 문제이다. '안으로 들어가다'라는 의미를 나타내
는 방향보어는 '进去'인데, 이때 장소목적어는 '去' 앞에 써야 한다.
'进教室来'는 '교실로 들어오다'라는 뜻이므로 의미상 어색한 문장이
된다.

10 '저는 중국어를 겨우 두 달간 배웠습니다. 좀 천천히 말씀해 주세요.'
라는 뜻으로 어떤 형용사를 써야 하는 지를 묻는 문제이다. '快'는 '빠
르다', '早'는 '이르다', '晚'는 '늦다'라는 의미이므로 '느리다'는 의미
를 가진 '慢'을 써야 한다.

11 '네 여동생은 올해 대학에 붙었니?'라는 뜻으로 동사 '考' 뒤에 결과보
어 '上'이 있을 때 의문문을 어떻게 만드는 지 묻는 문제이다. 서술어
인 '考' 뒤에 '上'을 써야 하고 그 뒤에 목적어를 쓰고 문장 끝에 '了'
와 의문을 나타내는 의문조사 '吗'를 써야 한다. '没有'를 써서 의문문
을 만들려면 '考上大学了没有?'라고 해야 한다.

12 '어쩐지 내가 여러 날 그를 못 봤다 했더니 알고보니 그는 지난 주 토
요일에 벌써 귀국했다고 하더라.'라는 뜻으로 방향보어와 장소목적어,
'了'의 어순을 묻는 문제이다. 장소목적어는 방향보어 '来'나 '去' 앞
에 써야 하므로 '回国去'의 어순이 되어야 하며 '了'는 문장 끝에 써야
한다.

13 '아, 생각났어요, 그는 내 초등학교 동창입니다.'라는 뜻으로 특수한 의미를 나타내는 방향보어 중 어떤 방향보어를 써야 하는 지를 묻는 문제이다. '잊어버렸던 것이 생각났다(떠올랐다)'라는 의미를 나타내고자 할 때는 '起来'를 써야 한다.

14 '너 그쪽으로 헤엄쳐 가지마, 그곳은 물이 너무 깊어서 위험해.'라는 뜻으로 어떤 방향보어를 써야 하는 지를 묻는 문제이다. 이런 경우에는 뒤에 '那儿'이라는 단어가 있기 때문에 '저쪽으로 수영해서 건너가다'라는 의미를 나타낼 수 있는 '过去'를 써야 한다.

15 '너는 이 본문을 줄줄 잘 읽니?'라는 뜻으로 정도보어가 있는 문장의 정반의문문을 어떻게 만드는 지를 묻는 문제이다. 정도보어가 있을 때 정반의문문을 만들려면 서술어는 그대로 두고 정도보어를 '긍정 + 부정'의 형식으로 만들어야 하기 때문에 '念得熟不熟'라고 해야 한다.

16 '반년 안에 나는 졸업논문을 다 쓸 수 있다.'라는 뜻으로 가능보어의 형식을 묻는 문제이다. '다 쓸 수 있다'라는 말은 '写得完'이라고 표현해야 한다. 이때 가능보어는 가능과 불가능만을 나타내므로 '了'를 쓸 수 없다.

17 '나는 정말 이 장편소설을 번역할 수 없습니다.'라는 뜻으로 가능보어의 부정형을 묻는 문제이다. 이런 경우에는 서술어 '翻译' 뒤에 '不了'를 써서 '翻译不了'라고 해야 한다. 긍정형은 '翻译得了'이다.

18 '지난 주 우리는 그를 병 문안하러 병원에 두 번 갔다.'라는 뜻으로 서술어와 동량보어, 인칭대명사 목적어의 어순을 묻는 문제이다. 목적어가 인칭대명사인 '我', '你', '他', '她' 등일 때는 반드시 동량보어 앞에 써야 한다. 따라서 '看过他两次'라고 해야 한다.

19 '장따웨이는 졸업한지 2년이 되었습니다.'라는 뜻으로 시간보어의 용법을 묻는 문제이다. 어떤 행위나 동작이 끝난 후에 시간이 얼마만큼 흘렀음을 나타낼 때는 서술어를 쓰고 그 뒤에 시간보어를 써야 한다. 문장 끝에는 현

재까지의 지속을 나타내는 어기조사 '了'를 써서 '서술어(毕业) + 시간
보어(两年) + 了'의 어순을 취해야 한다.

20 '우리들에게 유럽여행 상황을 소개 좀 해 주세요.'라는 뜻으로 동량보
어에 대해 묻는 문제이다. 이 문장에서는 '介绍'를 한 번 해달라는 의
미가 아니라 '소개를 좀 해달라'는 의미이므로 동작이나 행위가 짧은
시간 동안 이루어지거나 간단하게 이루어짐을 나타내는 '一下儿'을
써야 한다.

21 '그의 말투에서 우리는 그가 상하이사람이라는 것을 알 수 있어요.'라
는 뜻으로 들어서 알아낸다는 의미를 나타낼 때 어떤 보어를 써야 하
는 지를 묻는 문제이다. 이런 경우에는 '발견하다, 식별해내다'라는 의
미를 가진 '出来'를 써야 한다. '听得出来'는 '들어서 알아낼 수 있다'
는 의미이다.

22 '한 시간이 지나서야 그는 겨우 천천히 깨어났다.'라는 뜻으로 특수한
의미의 방향보어를 선택하는 문제이다. 비정상적인 상태에서 정상적
인 상태로 돌아옴을 나타낼 때는 '过来'를 써야 한다. 반대로 정상적인
상태에서 비정상적인 상태로 가는 것을 나타낼 때는 '过去'를 써야 한
다.

23 '틀리게 쓴 글자를 올바르게 고쳐 놓으세요.'라는 뜻으로 역시 특수한
의미의 방향보어를 선택하는 문제이다. 이런 경우에도 '비정상적인 상
태에서 정상적인 상태로 되돌아온다'라는 의미인 '过来'를 써야 한다.

24 '이 책은 정말 훌륭하게 잘 쓰여졌기 때문에 나는 여러 번 읽었습니
다.'라는 뜻으로 서술어 '读' 뒤에 어떤 동량사를 써야 하는 지를 묻는
문제이다. 책은 처음부터 마지막까지 '전체'를 다 본다는 의미를 나타
낼 수 있는 동량사를 써야 하므로 '遍'을 써야 한다.

25 '그는 분명하게 강의를 해서 모두들 수확이 컸다고 생각합니다.'라는
뜻으로 목적어가 있을 때 서술어, 목적어, 정도보어의 어순을 묻는 문

제이다. 동사서술어 '讲' 뒤에 '课'라는 목적어가 있을 때는 서술어를 다시 반복한 후 정도보어(很清楚)를 써야 한다.

26 '어제 저녁 그들은 술을 3시간 동안 마셨습니다.'라는 뜻으로 목적어가 있을 때 서술어, 목적어, 시간보어의 어순을 묻는 문제이다. 동사서술어 '喝' 뒤에 '酒'라는 목적어가 있을 때는 서술어를 다시 반복한 후 시간보어(三个小时)를 쓰거나, 서술어 뒤에 시간보어를 쓰고 그 뒤에 목적어를 써도 된다. 이 문장에서는 서술어를 반복한 보기는 없으므로 '喝了三个小时酒'를 선택해야 한다.

27 '나는 베이징에서 올해 8월까지 공부할 예정입니다.'라는 뜻으로 '언제까지 무엇을 한다'라는 의미를 나타낼 때 어떤 형식의 보어를 써야 하는지를 묻는 문제이다. 이런 경우에는 동사 뒤에 '到'를 쓰고 그 뒤에 시점을 나타내는 말을 써야 한다.

28 '왕리는 남동생보다 3살이 많지만 더 동생같이 보입니다.'라는 뜻으로 비교문의 정확한 어순을 묻는 문제이다. 비교문에서 서술어와 수량보어가 있을 때 어순은 '比 + 비교대상 + 서술어 + 수량보어'이므로 '比他弟弟大三岁'라고 해야 한다.

29 '여동생은 나보다 8cm 크고 모델입니다.'라는 뜻으로 역시 비교문의 정확한 어순을 묻는 문제이다. 28번과 마찬가지로 어순은 형용사서술어 '高' 뒤에 수량보어인 '八公分'을 써서 '比我高八公分'이라고 해야 한다.

30 '어제 나는 샤워를 두 번 했다.'라는 뜻으로 동량보어와 목적어의 위치를 묻는 문제이다. 목적어가 있을 때 동량보어는 서술어와 목적어 사이에 쓴다. 이 경우에는 동사인 '洗'와 목적어인 '澡' 사이에 '两次'를 써야 한다.

31 　‘마리는 숙제를 두 시간 반 동안이나 했다.’라는 뜻으로 시간보어의 위
치를 묻는 문제이다. 목적어가 있을 때는 서술어를 반복한 뒤에 그 뒤
에 시간보어인 ‘两个半小时’를 써야 한다.

32 　‘그는 방금 나갔습니다. 잠깐만 기다리세요, 그는 곧 돌아올 것입니
다.’라는 뜻으로 동사서술어와 동량보어, 인칭대명사 목적어의 어순을
묻는 문제이다. 18번과 같이 목적어가 인칭대명사인 ‘我’, ‘你’, ‘他’,
‘她’ 등일 때는 반드시 동량보어 앞에 써서 ‘等他一下儿’이라고 해야
한다.

넷째 주(문형 편) 중국어 문형 알고 보면 한국어와 비슷하다

01 　‘벌써 12시인데, 샤오팡은 왜 아직 안 돌아오지? 정말 사람 조급하게
만드네.’라는 뜻으로 사역을 나타내는 ‘叫’를 써야 한다.

02 　‘주말이 되어야 엄마는 나에게 텔레비전을 보게 하신다.’라는 뜻으로
‘나로 하여금’이라는 의미를 나타낼 수 있도록 사역을 나타내는 ‘让’을
써야 한다.

03 　‘졸업을 막 할 때쯤 그는 4년 동안이나 탔던 자전거를 팔았다.’라는 뜻
으로 ‘卖’의 목적어인 ‘骑了四年的自行车’를 ‘卖’ 앞으로 이끌어 낼
수 있는 성분을 고르는 문제이다. 목적어를 서술어 앞으로 이끌어낼
때는 ‘把’를 써야 한다.

04 　‘주 5일근무제의 실시는 사람들로 하여금 더 많은 여가시간을 갖게 했
다.’ 라는 뜻으로 사역을 나타내는 단어를 고르는 문제이다. 사역을 나
타내는 단어로는 ‘让’, ‘叫’, ‘使’ 등이 있다.

05 　‘당신은 기업을 경영하는 전문가인만큼 이 방면에서 많은 사람들이 당
신만 못합니다.’라는 뜻으로 어떤 단어를 사용해서 비교를 표현하는
지를 묻는 문제이다. ‘比’와 ‘有’를 이용해서 비교를 나타낼 때는 뒤에

비교대상 외에 서술어가 따로 있어야 하지만, '不如'의 경우에는 뒤에
비교대상만이 있어도 문장이 성립된다.

06 '올 여름은 작년처럼 더워 죽을 지경입니다.'라는 뜻으로 어떤 비교문
을 써야 하는 지를 고르는 문제이다. 뒤의 '一样'과 호응할 수 있는 '跟'
을 써야 한다.

07 '환자는 구급차에 실렸다.'라는 뜻으로 '病人'이 다른 사람을 구급차에 싣
는 것이 아니라 동작을 당하는 대상이므로 서술어 앞에 피동을 나타내는
단어 '被'를 써야 한다.

08 '여름의 모기는 정말 사람을 짜증나게 해'라는 뜻으로 '~으로 하여금
~하게 한다'는 의미의 사역을 나타내는 '叫'를 써야 한다.

09 '노점상의 어떤 물건들은 백화점 상품보다 더 좋다.'라는 뜻으로 비교
문의 서술어 앞에 어떤 정도부사를 쓸 수 있는 지를 묻는 문제이다. 비
교문에 쓰일 수 있는 정도부사는 '更'과 '还' 뿐이다. '更'과 '还'는 모
두 '더~무엇하다'라는 의미를 나타내지만, '还'는 '예상밖에', '오히
려'라는 의미를 강조한다.

10 '내 친구 장메이란은 나보다 노력했기 때문에 좋아지는(향상되는) 속도
가 더 빠릅니다.'라는 뜻으로 비교문을 어떻게 만드는 지 묻는 문제이
다. 비교문은 '比 + 비교대상 + 서술어'의 어순을 취하므로 '比我努
力'라고 해야 한다.

11 '이 잡지는 그 잡지보다 훨씬 더 재미있다.'라는 뜻으로 9번과 마찬가
지로 비교문의 서술어 앞에 어떤 정도부사를 쓸 수 있는 지를 묻는 문
제이다. 비교문의 서술어 앞에는 '更'을 써야 한다.

12 '어제는 그 자신이 스스로 가지 않은 것이지 우리가 가지 말라고 한 것
은 아니다.'라는 뜻으로 앞 절에 있는 '是'와 호응할 수 있도록 '不是'를
써야 한다.

13 '한어대사전은 샤오 왕이 빌려갔다.'라는 뜻으로 샤오 왕은 한어대사
전을 가져간 주체이고 문장의 주어는 그 행위를 당한 대상이므로 '小
王' 앞에는 피동을 나타내는 '被'를 써야 한다.

14 '옛날에 어떤 한 여자아이가 있었는데, 이름은 화무란이라고 한다.'라
는 뜻으로 '화무란'이라 불리는 한 여자 아이가 있었다는 의미를 나타
낼 수 있는 동사 '有'를 써야 한다.

15 '나의 말은 그녀를 매우 난감(무안)하게 했다.'라는 뜻으로 '그녀로 하
여금 난감하게 만들다'라는 사역의 의미를 나타내는 '让'을 써야 한다.

16 '저녁에 내가 너에게 한턱 낼게'라는 뜻으로 초대의 의미를 나타내는
'请'을 써야 한다. '使'는 사역을, '被'는 피동을 나타낸다.

17 '이 글자는 어린이조차도 다 아는데, 넌 왜 모르니?'라는 뜻으로 뒤의
'都'와 호응할 수 있는 단어를 고르는 문제이다. '连…都'는 함께 쓰여
'~조차도'라는 의미를 나타낸다.

18 '사스 때문에 홍콩에서는 이미 십여 명이 죽었다.'라는 뜻으로 이미 그
런 일이 벌어진 것이므로 동사 '死' 뒤에 완료를 나타내는 '了'를 써야
한다.

19 '어제 나는 그 극장에서 영화를 보았다.'라는 뜻으로 앞의 '是'와 호응
해서 시간이나 장소, 방식 등을 강조하는 구문을 만드는 방법을 묻는
문제이다. '是'는 '的'와 호응한다.

20 '네 전화가 걸려 왔을 때 나는 부엌에서 설거지를 하고 있었다.'라는
뜻으로 어떤 행위나 동작의 진행을 나타내는 부사를 고르는 문제이다.
부사 '正'은 동사 앞에 놓여 진행을 나타낸다. '着'는 동사 뒤에 놓여
상태의 지속을 나타낸다.

21 '오늘 저녁 7시에 신화영화관 앞에서 너를 기다릴 테니, 만나기 전에
는 헤어지기 없다.(약속 지키는 거다)'라는 뜻으로 이중부정을 표현

하는 구문을 묻는 문제이다. 이런 경우에는 '不见不散'이 고정적인 형
식으로 사용된다.

22 '올해 우리 학교의 한국유학생 수는 작년보다 조금 더 많다.'라는 뜻으
로 비교문의 어순을 묻는 문제이다. 비교되는 대상(人数)을 먼저 쓰고
'比'를 쓴 후에 비교대상을 쓰고 마지막에 서술어를 써야 한다. 얼마나
많아졌는지를 나타내려면 '多' 뒤에 수량보어에 해당되는 '一些'를 써
야 한다.

23 '우산은 그녀가 빌려가서 나는 비옷을 입고 출근할 수밖에 없었다.'라는
뜻으로 피동을 나타내는 '让'의 위치를 묻는 문제이다. '让'은 주체를 가
리키는 '她' 앞에 써야 한다.

24 '전쟁시기에 그 도시는 심하게 파괴되었다.'는 뜻으로 피동을 나타내는
'被'의 위치를 묻는 문제이다. 이 문장의 경우 주체를 가리키는 단어는
생략이 되어 있으므로 '被'는 동사 바로 앞에 써야 한다.

25 '어제 장따웨이는 국장님에게 꾸지람을 들어서 지금도 언짢아하고 있
다.'라는 뜻으로 피동을 나타내는 '被'의 위치를 묻는 문제이다. 주어인
'张大伟'가 국장에게 야단을 맞는다는 의미이므로 '被'는 '局长' 앞에
써야 한다.

26 '어제 산 그 그림은 내가 거실의 벽에 걸어놓았다.'라는 뜻으로 피동문
의 어순을 묻는 문제이다. '나에 의해서'라는 의미를 나타내는 '让我'
는 동사서술어 앞에 써야 한다.

27 '빨리 그 맥주를 계속 마셔! 봐, 우린 벌써 잔을 다 비웠잖아?'라는 뜻
으로 '把'자문의 어순을 묻는 문제이다. '把'를 사용하게 되면 목적어
가 서술어 앞에 놓이게 된다. 그런데 '快'와 같은 부사어는 '把' 앞에 놓
이므로 '把啤酒'는 '快'와 '喝' 중간에 써야 한다.

28 '나는 정말 이 일을 샤오 린에게 알리지 않았어.'라는 뜻으로 '把'자문
    에서 부정사인 '没有'의 위치를 묻는 문제이다. '把'자문에서 '没有'
    는 동사 앞에 쓰지 않고 '把' 앞에 쓴다.

29 '집안 일은 직장일보다 쉽지가 않다.'라는 뜻으로 비교문에서 부정사
    의 위치를 묻는 문제이다. 비교문에서 부정사 '不'는 서술어 앞에 쓰지
    않고 '比' 앞에 쓴다.

30 '네가 낸 수수께끼는 그가 이미 알아 맞혔다.'라는 뜻으로 피동문에서 부
    사어의 위치를 묻는 문제이다. 부사 '已经'은 서술어 '猜' 앞에 놓이지 않
    고 '被' 앞에 놓인다.

31 '어제 나는 선생님에게서 또 야단을 맞았다.'라는 뜻으로 30번과 마찬
    가지로 피동문에서 부사어의 위치를 묻는 문제이다. 부사 '又'는 서술
    어 '骂' 앞에 놓이지 않고 '让' 앞에 놓인다.

32 '엄마는 나를 샤오 린네 집에 놀러가지 못하게 한다.'라는 뜻으로 겸어
    문에서 부정사의 위치를 묻는 문제이다. 겸어문에서 부정사 '不'는 서
    술어(去小林家玩儿) 앞에 놓이지 않고 '让' 앞에 놓인다.

33 '어제 저녁 나는 여자친구에게 장거리전화를 했다.'라는 뜻으로 '~에
    게'라는 의미를 나타내는 '给'의 위치를 묻는 문제이다. 이 문장에서
    '给'는 전화를 받는 사람인 '女朋友' 앞에 써야 한다.

34 '냉장고에는 큰 수박 한 개가 놓여져 있다.'라는 뜻으로 동태조사 '着'
    의 위치를 묻는 문제이다. 동태조사는 동사 뒤에 놓여 상태의 지속을
    나타내므로 이 문장에서는 동사인 '放' 뒤에 써야 한다.

35 '남동생이 그릇을 깨뜨렸다.'라는 뜻으로 '把'의 위치를 묻는 문제이
    다. '把'는 목적어를 이끌어내는 역할을 하는 단어이기 때문에 문장에
    서 서술어와 목적어를 찾으면 된다. 이 문장의 목적어는 '碗'이고 서술
    어는 '摔'이다. 그러므로 '把'는 목적어인 '碗' 앞에 써야 한다.

36   '저는 달러를 인민폐로 바꾸려고 합니다.'라는 뜻으로 '把'자문에서 능원동사 '想'의 위치를 묻는 문제이다. '把'자문에서 능원동사는 서술어 앞에 놓이지 않고 '把' 앞에 놓인다.

37   '오늘은 공연 보러 오는 사람이 없네요.'라는 뜻으로 '没有'의 위치를 묻는 문제이다. '人'은 불특정한 사람을 가리키므로 주어가 될 수 없다. 이런 경우에는 '人' 앞에 '没有'를 써서 '人'이 '有'의 목적어가 되도록 해야 문장이 성립된다.

38   '중국사람들은 젓가락으로 밥을 먹습니다.'라는 뜻으로 연동문에서 방식이나 도구를 나타내는 구의 위치를 묻는 문제이다. '筷子(젓가락)'는 밥을 먹을 때 사용하는 물건이므로 '用筷子'는 '吃饭' 앞에 써야 한다.

39   '그를 미워하지 않는 사람이 없다.'라는 뜻으로 '没有'의 위치를 묻는 문제이다. 37번과 마찬가지로 '没有'는 '人' 앞에 써야 한다.

40   '우리 팀은 이번 시합에 참가할 자격이 없습니다.'라는 뜻으로 '～할 무엇이 없다'라는 표현에 관해 묻는 문제이다. 이 문장에서는 '이번 시합에 참가할 자격이 없다'는 의미를 나타내야 하기 때문에 부정사 '没'는 '有' 앞에 써야 한다.

41   '그가 보내 온 꽃병을 내가 깨뜨렸다.'라는 뜻으로 '给'의 위치를 묻는 문제이다. 피동문에서 손해를 봤거나 피해를 당했다는 의미를 강조하기 위해서 '给'를 쓰기도 하는데 이 때 '给'는 동사 앞에 놓는다. 이 문장에서는 동사 '打' 앞에 써야 한다.

42   '아저씨는 벌써 냉장고를 다 수리했습니다.'라는 뜻으로 '把'자문에서 부사 '已经'의 위치를 묻는 문제이다. '把'자문에서 부사는 서술어(修) 앞에 놓이지 않고 '把' 앞에 놓인다.

43 '나는 반드시 중국어를 마스터할 거야.'라는 뜻으로 '把'자문에서 부
사와 능원동사의 위치를 묻는 문제이다. '把' 앞에 부사와 능원동사가
있을 때는 부사를 먼저 써야 한다. '一定要'는 '반드시 무엇을 할 것이
다'라는 의미를 나타낸다.